Mutter geht aus

D1730268

Lilian Peter

Mutter geht aus

Essays

DIAPHANES

Die Arbeit an diesem Buch wurde gefördert durch Aufenthaltsstipendien der Villa Kamogawa (Goethe-Institut Kyoto, Japan) und des Künstlerhauses Edenkoben sowie durch ein Arbeitsstipendium der Berliner Senatsverwaltung für Kultur und Europa.

Satz und Layout: 2edit, Zürich
Druck: Steinmeier, Deiningen

www.diaphanes.net

Nun herrschte im Himmelssaal ausreichend Dunkelheit, und die Töchter des Nordlichts rüsteten sich zu ihrem wilden Schleiertanz. In atemberaubendem Farbenspiel glitten sie leicht und behende über die weite Himmelsbühne, in flatternden Goldgewändern und mit fließendem Perlenschmuck, den sie in ihrem übermütigen Tanz bald hierhin, bald dorthin schleuderten.

Sjón, *Schattenfuchs*

Diebinnen im Paradies

I'll example you with thievery:
The sun's a thief, and with his great attraction
Robs the vast sea; the moon's an arrant thief,
And her pale fire she snatches from the sun;
The sea's a thief, whose liquid surge resolves
The moon into salt tears; the earth's a thief,
That feeds and breeds by a composture stol'n
From general excrement: each thing's a thief:
The laws, your curb and whip, in their rough power
Have uncheck'd theft.
Shakespeare, *Timon of Athens*

Würde man das Warenhaus abschaffen,
so gäbe es eine Revolution der Frauen.
Émile Zola, *Das Paradies der Damen*

Meine Mutter brachte ich am 3.4.2017 in Oberpommern zur Welt. Sie begann noch in derselben Nacht zu sprechen. Ihre Lehrerin in der Volksschule Unterpommern hatte eine weiße Plastikflöte mit einem roten Lippenstiftabdruck darauf und forderte meine Mutter, die ein absolutes Gehör hatte und Noten lesen konnte, lange bevor sie Buchstaben lesen konnte, im Musikunterricht einmal auf, eine zweite Stimme zu einer gegebenen Melodie zu schreiben, und zwar einen Ton höher als die Melodie selbst. Meine Mutter, die immer alles besser wusste, sagte, das würde nicht gut klingen, doch die Lehrerin sagte, sie solle tun, was man ihr sage, also schrieb meine Mutter eine zweite Stimme einen Ton höher, und die Lehrerin teilte die Klasse in oben und unten, und die Klasse begann zweistimmig in die Flöten zu pusten. Nach nicht einmal einem Takt brach die Lehrerin ab, da es nicht gut klang, und fand bis zum Ende des Schuljahres in den Klassenarbeiten meiner Mutter siebenundzwanzig Fehler, die es gar nicht gab. Mit fünfzehn schrieb meine Mutter einen Text über eine Person namens Erich Endlich, der daran verzweifelt, dass ihm jemand seine Identität gestohlen hat, sich deshalb auf den Weg macht, die Diebin zu finden, und auf diesem Weg in vielen Bars landet, in denen er es mit schönen Frauen zu tun bekommt, die ihm, ohne dass er fragen muss, Feuer anbieten, sobald er eine Zigarette aus der Tasche zieht. Ich vermute, dass meine Mutter u.a. gerade Frisch und Sartre gelesen hatte. In einer Randnotiz zu ihrem Text stellte sie fest, dass sie sich, sie wisse nicht warum, schreibend automatisch als Mann denke. Die Komik oder Tragik des Scheiterns an Erkenntnis, Identität, Wahrheit, *Frau*! Meine Mutter hatte sich verliebt in diese alte Geschichte und wäre vermutlich gerne selbst zu ihrem Erzähler geworden, aber das ging nicht, da sie a) kein Mann war, und ihr b) wenig später etwas sehr faul an dieser Geschichte vorkam. Mit sechzehn wurde meine Mutter zum ersten Mal als Kleptomanin bezeichnet; mit siebzehn zum vierzehnten Mal; als sie einundzwanzig wurde, habe ich aufgehört zu zählen.

*

Hermes, Sohn des Zeus und der Maia, stahl am Tag seiner Geburt dem mächtigen Apollon 50 Rinder. Zwei davon opferte er. Wenig später tötete er eine Schildkröte und baute aus ihrem Panzer eine Lyra; die Saiten machte er aus den Därmen der geopferten Rinder. Vor den Richter Zeus gebracht, entschied dieser, Hermes müsse Apollon die Rinder zurückgeben; da zog Hermes die Lyra hervor, spielte Apollon etwas vor und bot ihm die Lyra zum Tausch gegen die verbliebenen 48 Rinder. Apollon akzeptierte, weihte Hermes in die Kunst der Weissagung ein und übergab ihm den goldenen Heroldsstab (später: Hermesstab, der bei den Römern zum Symbol für Verkehr und Handel wurde), der Hermes als Boten der Götter auszeichnete und alles, was er berührte, zu Gold werden ließ. Hermes war auch der Gott der Diebe. Durch Kontakte zwischen griechischer und ägyptischer Kultur entstand später eine Überlagerung zwischen Hermes und dem ägyptischen Gott Theuth, dem Gott (unter anderem) der Schrift, auch Protokollant des Totengerichts, wohnhaft im Mond, an dem regelmäßig ein Dämon fraß, was dessen monatlichen Zyklus erklärte. »Der Diebstahl ist immer der einer Rede, eines Textes oder einer Spur.« (Derrida) Der (Götter-)Bote, das (Schrift-)Zeichen: Dieb, der gibt, was ihm nicht ›gehört‹, und der, wenn man ihn gerade (für ganz) zu halten geglaubt hat, schon wieder dabei ist, zu verschwinden. Was damit nichts zu tun hat: Das lateinische Wort für »Rinder« lautet »Boves«. »Boves« ist auch der Nachname einer Warenhausdiebin in Émile Zolas 1884 erschienenem Roman *Au Bonheur des Dames* (*Das Paradies der Damen*).

*

Mutter: Lateinisch *mater*, davon die *materia*, zu Deutsch Materie, der (irdische) Stoff zur (göttlichen) Form, das sinnliche Geschlecht im Unterschied zum rationalen Geschlecht, Mutter Natur und Vater Staat, (weiblicher) Stoff, der durch (männliche) Form geprägt werden muss, das wusste Aristoteles vermutlich nicht als Erster, als er feststellte: »Das Weibliche ist durch eine Begattung befruchtet, das Männliche aber befruchtet vieles«, sondern auch vor ihm schon alle (außer meiner Mutter). Alter Traum der Philosophie: Ein anderes inszenieren, das man zur Gattung macht, begattet = erkennt (Denn Adam erkannte sein Weib Eva. Und wen erkannte Eva? Niemanden!). Das Weibliche also: das *andere, Fremde,* Natur, Stoff, Vielfaches (im Unterschied zum EINEN = Gott/Mann) usw., das zu erkennen Aufgabe des Mannes ist. *Rings um eine der Säulen, die das Glasdach trugen, ergoß sich gleichsam eine Flut von Stoffen, ein schäumender Sturzbach von oben herab auf das Parkett.* Man erinnere sich: noch die Freud'sche Psychoanalyse verdankt sich anfänglich dem Impuls, die Sexualität der Frau erschließen zu wollen. Das philosophische Christentum, oder die christliche Philosophie, hatte die geniale Strategie, diesem anderen zu verbieten, selbst Geld zu verdienen, selbst für sich zu sprechen, und stattdessen für es zu bezahlen und zu sprechen. Heirat macht unschädlich! Am Herd macht es dann genießbar, was der Mann nach Hause gebracht hat. Hegel ist DER Denker der Ehe. Es geht bei Hegel nie um etwas anderes, auch in dem, was sich »Logik« nennt. Der Mann entzweit sich, sagt er (Entzweiung ist auch das, was Gott macht, indem er den Menschen schafft; der Mann ist also gottähnlich), geht hinaus in den Staat und kommt abends nach Hause an den gedeckten Tisch: Das macht ihn mit sich identisch. Frau = Konkretes, Vielfaches; Mann = Allgemeines, Eines. *Inmitten dieses Gewühls ging der Inspektor Joule mit ernster Miene auf und ab, um nach Diebinnen Ausschau zu halten.* Indem das Allgemeine das Konkrete in sich begreift, d.h. sich zum Eigentum macht, wird Ersteres identisch mit sich selbst, wird *sich* zum Eigentum. Es, d.h. Er, stand folglich an der Spitze der Geschichte, deren Stoff meine Mutter war, was auch erklärt, warum meine Mutter nicht zu wahrer Identität mit sich gelangen konnte, da sie nämlich nichts besaß, sondern nur

10

besessen wurde. »Erst im Eigentume ist die Person als Vernunft.« (Hegel, dessen Schwester übrigens schwer depressiv war und Selbstmord beging.)

*

Lange Bahnen der verschiedensten Stoffe ergossen sich aus dem Zwischenstock herab und flatterten wie Fahnen in allen Farben, schiefergrau, meerblau, olivgrün. In der Spitzenabteilung wuchs das Gedränge von Minute zu Minute. Eine Spitzenabteilung ist diejenige Abteilung einer zur Einheit erklärten Versammlung von Dingen und Menschen, die ebendiese zur Einheit erklärte Versammlung von Dingen und Menschen, beispielsweise ein Warenhaus, bündelt, kurz: die Abteilung, die die Fäden der Geschichte zusammenhält. Madame de Boves überkommt im *Paradies der Damen*, als sie sich in der Spitzenabteilung aufhält, das unwiderstehliche Verlangen, *ihre Hände in diese Gewebe zu versenken.*

*

Am 17.4.2017 wurde meine Mutter zum ersten Mal offiziell eines Diebstahls bezichtigt. Meine Mutter ging in die dritte Klasse der schon erwähnten Volksschule Unterpommern, vierundzwanzig Jungen, sieben Mädchen, meine Mutter trug seit einigen Wochen eine Brille, machte in Diktaten nie Fehler, schrieb Aufsätze, die vorgelesen wurden, und niemand wollte neben ihr sitzen. Meine Mutter hatte einen sehr hohen IQ, aber keine Freunde, und in den Pausen, wenn das Klassenzimmer abgesperrt wurde und alle nach draußen auf die abgezäunte Wiese mussten, stand meine Mutter am Rand und pflückte Gräser, die sie verknotete, um damit einem imaginären Freund am anderen Ende der

Wiese geheime Zeichen zuzuwinken. Dazu machte sie Nick- oder Schüttelbewegungen mit dem Kopf, damit jeder, der sie sah, davon ausgehen konnte, dass dort, am anderen Ende der Wiese, jemand mit ihr kommunizierte, der sie verstand. Irgendwann fragte meine Mutter die Lehrerin, ob sie während der Pausen nicht im Klassenzimmer bleiben könne, und die Lehrerin erlaubte es ausnahmsweise. Meine Mutter blieb also während der Pausen allein im Klassenzimmer, bis ein Junge aus der Klasse eines Tages behauptete, ein Bleistift sei ihm aus dem Federmäppchen gestohlen worden, und es gebe nur eine Möglichkeit, wer die Diebin sein könne. Da durfte meine Mutter nicht mehr im Klassenzimmer bleiben, sondern musste wieder mit den anderen nach draußen. Mit den Diebstählen aber ging es da erst richtig los: Jeden Tag behauptete ein Mitschüler, dass wieder etwas gestohlen worden sei, und dass bei meiner Mutter nie etwas gefunden wurde, galt nur als Beweis ihrer Hinterlist. Es gibt Leute, die nicht einmal glauben, dass meine Mutter meine Mutter ist, so weit geht die Hinterlist, die man ihr anlastet.

*

Listenreich war auch Prometheus, der Zeus nur die schlechten Teile eines Tieropfers überließ, um die guten Teile den Menschen, seinen Schutzbefohlenen, zu überbringen. Da erzürnte Zeus und verweigerte den Menschen das Feuer. Prometheus stahl Zeus kurzerhand das Feuer und brachte es den Menschen. Hephaistos, der eifrige Handwerker und brave Handlanger des Olymp, seinerseits der hässlichste aller Götter, der der Welt die Schönheit nicht nur durch seine Heirat mit Aphrodite stahl, wurde daraufhin von Zeus beauftragt, Prometheus mit unkaputtbaren Ketten in den skythischen Einöden an eine Felswand des Kaukasus-

Gebirges zu schmieden. Ein Adler fraß täglich von dessen Leber, die nachts wieder nachwuchs. Seine Rettung bedurfte schon eines Trampels wie Herakles, der, als er vorbeikam, die Ketten mal eben zerschlug und den Adler mit den alles durchdringenden und unüberlebbaren Spitzen seiner Pfeile tötete.

*

»Schau nur, Mama«, sagte Blanche, die daneben in einem Karton mit wohlfeilen Valenciennesspitzen herumkramte, »mit diesen kleinen Stücken könnten wir Polster besetzen.« Madame de Boves antwortete nicht. Als sich die Tochter umwandte, sah sie, wie ihre Mutter, immer unter den Spitzen herumsuchend, ein Stück im Ärmel ihres Mantels verschwinden ließ. Blanche schien nicht sonderlich überrascht zu sein, ja sie trat näher, um die Manipulation ihrer Mutter zu verbergen. Polster sind elastische Auflagen für Sitz- oder Liegemöbel, die dazu dienen, dass man es auf diesen Möbeln bequemer hat. Wenn sich Leute auf Sitzmöbel setzen, nennt man das Gesetz. Wenn Leute bereits auf Sitzmöbeln sitzen, nennt man das Besitz. Wenn sich Leute auf Liegemöbel legen, nennt man das Auslegung. »Oft entfallen dem Sitzenden die Berichte, und der Liegende bringt Lüge hervor«, sagt Gott Thor zu Loki, als Letzterer Ersterem berichtet, dass es Thrym gewesen sei, der dessen Hammer Mjölnir gestohlen habe, ohne den die altnordischen Götter dem Untergang geweiht sind. Thrym ist ein Riese und Thor braucht den Hammer, um die Götter gegen den Riesen verteidigen zu können. Thrym will den Hammer jedoch nur im Tausch gegen die Göttin Freyja herausgeben, die er zur Braut will. Freya lässt sich darauf nicht ein; Thor verkleidet sich als Freya, überlistet so Thrym und erschlägt diesen, kaum dass er den Hammer zurückerhalten hat. Was damit

gar nichts zu tun hat: *to lie* heißt auf Englisch sowohl »liegen« als auch »lügen«. »Auslegen« heißt auf Deutsch: in ausbreitender Weise hinlegen, Deuten, Borgen. Eine Auslegung ist also nie etwas, das (sich) gehört. Das lateinische Wort *legere* bedeutet u.a.: »1. lesen, sammeln; 2. legen«. Aus ihm hervor geht das Wort *lex*, auf Deutsch »Gesetz«, und ihm voraus geht das griechische Wort *légein*, u.a. »1. rechnen, zählen, sammeln, erzählen, auslegen, sagen, sprechen; 2. legen, zu Bett bringen, beruhigen, einschläfern«. Mit Spitzen kann man nicht nur Polster besetzen, sondern so gut wie alles, was es überhaupt gibt. Spitzen machen ein Gesetz göttlicher und eine Auslegung eindringlicher. Spitzen kann man auch verwenden, um Geschichten anders zu lesen, als sie gelesen werden wollen, wie Nietzsche wusste: »Würde uns ein Weib festhalten (oder wie man sagt ›fesseln‹) können, dem wir nicht zutrauten, dass es unter Umständen den Dolch (irgendeine Art von Dolch) *gegen uns* gut zu handhaben wüsste?«

*

Je älter meine Mutter wurde, d.h. je mehr sie hineinwuchs in die Geschichte, aus der ich kam, desto mehr Diebstähle beging sie. Hier nur ein paar Beispiele: Am 20.2.1985 stahl sie aus einem Supermarkt ein Feuerzeug. Am 3.3.1969 stahl sie aus einer Drogerie einen Regenschirm und ein Vorratspack Streichhölzer. Am 14.7.1954 stahl sie Beckett den Satz, »Die Suche nach dem Mittel, die Dinge zum Stillstand zu bringen, seine Stimme zum Schweigen zu bringen, das ist es, was dem Diskurs gestattet, sich fortzusetzen«, und Hegel den Halbsatz, »sie werden an dem selber ergriffen und gebrochen, was zum Kreis ihres eigenen Daseins gehört«. Am 1.12.1944 stahl sie einem Soldaten der Wehrmacht einen Fünf-Mark-Schein, der aus dessen Uniformjacke herausragte, indem sie ihn anrempelte und sich anschließend auf das Höflichste entschuldigte, woraufhin der Soldat sein Barett mit der rechten Hand vom Kopf nahm, sich kurz verneigte und weiterging. Den Fünfmarkschein ließ sie an der nächsten Ecke fallen. Am 27.1.1910 stahl sie aus der Bücherabteilung des Pariser Warenhauses *Au Bon Marché – Das Paradies der Damen* in einer billigen Ausgabe. Als meine Tochter 1829 die Wohnung meiner Mutter ausräumte, da sie seit Jahren verschwunden war und niemand wusste, ob und wenn ja, wann sie wieder auftauchen würde (ich selbst konnte nicht dabei sein, da ich gerade eine Professur an der Pommerschen Universität angenommen hatte und einen Kurs in Dekonstruktion vorbereiten musste), fand sie Schnipsel aus diesem Buch quer über den Fußboden der ganzen Wohnung verteilt. 1910 jedenfalls hatte meine Mutter ihre diebischen Fähigkeiten und Eigenschaften perfektioniert: weiblich, kommt aus gutem Hause, stiehlt anscheinend ohne Not. Der Warenhausdiebstahl war gerade Gegenstand heftiger Diskussionen und galt »zu 99% als weibliches Delikt, insbesondere der mittleren Schichten.« Es gibt allerdings kaum handfeste Zahlen, die diesen Prozentsatz belegen, und vieles spricht dafür, dass »die Intensität der Zuweisung des Warenhausdiebstahls als weibliches Delikt der Redefinition einer dualen Kultur der Geschlechter« und somit dazu diente, »die brüchigen Konturen dieser Geschlechterdichotomie«, die »Prozessen der Auflösung und neuen Verflechtung« ausgesetzt war, zu restabilisieren: Man medikalisierte die bourgeoisen Frauen, die stahlen, und kriminalisierte die armen Frauen, die stahlen, vor allem ging es aber um die Fortschreibung der Erfindung der Frau als (irrationales, moralisch schwaches, durch bunte Waren leicht verführbares) ›anderes‹. *Er erzählte ihm eine ganze Reihe von Geschichten. Er teilte die Diebinnen in Klassen ein: Da waren vor allem die*

Berufsmäßigen; diese waren am wenigsten schädlich, weil die Polizei sie fast sämtlich kannte. Dann kamen die Diebinnen aus Manie, welche die Beute einer unbezwinglichen Begierde waren. Und endlich musste man auf die Schwangeren achtgeben, die sich auf spezielle Artikel verlegten; so hatte der Polizeikommissar bei einer von ihnen 248 Paar rosafarbene Handschuhe gefunden, die sie in sämtlichen Handschuhläden von Paris zusammengestohlen hatte. Mein Vater kam über das Stehlen meiner Mutter nicht hinweg. Hätte er ihr doch alles geben können, was auch immer sie sich wünschte! Er besaß schließlich alles, was je gewesen war, wie auch alles, was je werden würde. *Allein keiner dieser Stoffe schien Mme Desforges zu befriedigen. Nun ließ sie sich rein zum Vergnügen alle möglichen Gattungen von Wollstoffen vorlegen, obgleich es ihr nicht darauf angekommen wäre, den ersten besten zu wählen. Der junge Mann musste bis zu den obersten Fächern hinaufsteigen und Ballen herbeischleppen, dass ihm die Arme weh taten.* Wollstoffe sind Stoffe eines Wollens. Meine Mutter war bisher stets Stoff eines Wollens gewesen, aber nicht Form, d.h. Wollen eines Wollens. Meine Mutter wollte aber wollen. Meine Mutter wollte ihren Wollstoff wählen. Meine Mutter wollte nicht kaufen mit dem Geld meines Vaters, d.h. ihren Stoff bezeichnen lassen durch seine Form. Meine Mutter stahl nicht, um zu besitzen: Sie wollte bezeichnen, und zwar selbst. Sie wollte sprechen. Sie wollte wählen. Sie wollte schreiben. Sie musste stehlen. Hände sind diejenigen Teile des Körpers, mit denen man nimmt, gibt, formt, handelt, spricht, schreibt, bedeutet, wählt, wühlt. *Manus* ist im Lateinischen u.a.: »Hand, Handschrift, Macht«; das griechische Wort *manía*, wovon »Manie« kommt, hat etymologisch mit *manus* nichts zu tun. Von »Manie« kommt »Marnie«, diebische Hauptfigur in Hitchcocks Film gleichen Titels. »Schwanger« sein bedeutet: Dabei sein, etwas zu geben, was zuvor nicht da gewesen ist. Handschuhe sind Formen für Hände, die dafür sorgen, dass keine Schuldige ausgemacht werden kann, wenn die Hände etwas anfassen, also zum Beispiel etwas geben, nehmen, stehlen, schreiben usw. Vielleicht war Heidegger deshalb besessen davon, mit der Hand zu schreiben, und hat die (Schreib-)Maschine, die es längst gab, verteufelt: Maschinen sind wie Handschuhe; sie machen die Schrift anscheinend *herrenlos*. Wie schlimm das ist, eine herrenlose Schrift, wissen wir schon sehr lange, nämlich seit Platon. Die (schwangeren) Frauen jedenfalls, die in ganz Paris manisch Handschuhe stahlen, also Formen für Hände, in die diese schlüpfen können, um *sowohl* Farbe zu bekennen (in dem Fall Rosa), *als auch* sich selbst gleichzeitig unkenntlich zu machen, waren kurz davor, eine Revolution zu gebären, die sie dann aber doch in die Hände männlicher Ärzte legten, d.h. in die Hände der Spitzenabteilungen der Warenhäuser.

*

Klopḗ, was vom Verb *klép(t)ein* (stehlen, heimlich tun) abgeleitet ist, wovon im Deutschen das »Klepto« in »Kleptomanie« kommt, heißt auf Altgriechisch nicht nur »Diebstahl, Wegnahme, Unterschlagung, Betrug, List«, sondern auch »heimliches Beginnen, heimliche Besetzung eines Ortes«: Der Dieb kommt nicht zu einer schon bestehenden Kultur hinzu und nimmt dieser nachträglich etwas weg, sondern er steht am sich ständig neu erfindenden unsichtbaren, (un-)heimlichen, immer mythischen Ursprung der Kultur selbst, der nur nachträglich benannt werden kann, Ursprung, der sich davonstiehlt, Herrschaft, die verstohlen ist, nie vollständig legal, d.h. lesbar. Denken des Ursprungs. Sprung: großer Hüpfer, das Hervorgesprossene, aber auch:

Riss, Entzweiung. Der Ursprung ist von vornherein mit sich nicht eins. Und der HERR sprach: Siehe, es ist EINERLEI Volk und EINERLEI Sprache unter ihnen allen und dies ist der Anfang ihres Tuns; und sie würden eine Stadt bauen, die bis zum Himmel reicht; und sie würden ihre Identität von Gott stehlen, indem sie glaubten, ER zu sein; und Gott kam, sah und stahl ihnen... die Einheit... und der HERR zerstreute sie in alle Länder, dass sie aufhören mussten, den Turm, die Stadt zu bauen. Und die Menschen, also die Männer, liefen Jahrtausende lang wie Ameisen über die Erde und bekriegten sich und tätowierten Menschen, die sie für Diebe an ihrer Einheit hielten, Nummern in die Haut oder hängten ihnen Schleier um, hackten ihnen die Hände ab, begruben sie bei lebendigem Leib, warfen sie ins Gefängnis oder in sogenannte Arbeitslager, verwehrten ihnen Wahlrecht, Einkommen, Auskommen und, wo sie Muschis hatten, die man anfassen konnte, mittels Beschneidung auch das Kommen, also die Zukunft. (Genesis 11, *génesis* = »Ursprung, Erzeugung, Geburt, Leben, Entstehung, Verfertigung; Entstandenes, Geschöpf, Geschlecht«) Und das alles auf der Suche nach dem Dieb, der doch in Wahrheit Gott selbst gewesen war und der sich geschickterweise sofort aus dem Staub gemacht hatte! *Die vorige Woche haben wir die Schwester eines Apothekers und die Gattin eines Hofrats dabei ertappt. In solchen Fällen legt man die Sache gütlich bei.* Anekdote aus dem alten Ägypten, die in der Zeit der Aufklärung kursierte: Bemerkte der Bestohlene nichts von einem Diebstahl, so war der Diebstahl kein Verbrechen; und gab ein Dieb seinen Diebstahl an, so wurde er nicht bestraft, sondern durfte ein Viertel des Gestohlenen behalten.

*

Frage: Was würde es für Sonne, Mond, Meer, Erde und jedes Ding überhaupt bedeuten, wenn sie, er oder es *nicht* einen ›Teil‹ dessen, was und woran sie, er oder es stiehlt, behalten dürfte? Antworten Sie in einem einzigen Stichpunkt und beginnen Sie diesen Stichpunkt mit einem beliebigen Buchstaben (bitte maschinengeschrieben, Handschriften kann ich nicht lesen): – _____

_____

*

Frage: Was wäre ein Viertel eines Halbsatzes von Hegel? Antworten Sie in höchstens drei Sätzen und beenden Sie jeden Satz mit einem Punkt (bitte handschriftlich, Gott mag kein Kondom): _____

_____

_____

*

Adam und Eva lebten im Garten Eden, bis Eva von einer Schlange überredet wurde, vom Baum der Erkenntnis eine Frucht zu stehlen und sich diese unwiederbringlich zu eigen zu machen. Gott, dessen uneingeschränktes Eigentum der Baum der Erkenntnis war, wurde daraufhin sehr böse, vertrieb Adam (hebräisch: der Mensch) und Eva (Bedeutung: nicht sicher) aus dem Paradies, was von Altgriechisch *parádeisos* = eingehegtes Gebiet, was von Hebräisch *pardes*, was von Altpersisch *pairi-daeza* = Ummauerung kommt, und verurteilte sie zum Tod. Seither gibt es das Gute und das Böse, Kluft zwischen Gott und Mensch, Mann und Frau, wobei das Böse die längste Zeit der Geschichte hindurch als Abfall vom Guten gedeutet wurde, d.h. als Diebstahl an der Einheit, wodurch die Differenz in die Welt kam, die anschließend immer als Differenz zwischen einem Über- und einer Unterlegenen (Gott und Mensch, Geist und Materie, Mann und Frau, Form und Stoff, Kultur und Natur usw.) gedacht wurde. 2017 war meine Mutter schwer depressiv. Von Depressionen betroffen waren zu dieser Zeit etwa doppelt so viele Frauen wie Männer (wobei derlei Statistiken nicht zwangsläufig etwas über ›die Realität‹ aussagen, sondern nur darüber, was erfasst wird), und drei von vier Psychotherapiepatienten waren weiblich. Eva ist schuld. Sünderinnen werden krank. Sünderinnen müssen beichten.

*

Therapeut: Was für ein Gefühl löst das Stehlen in Ihnen aus? Erzählen Sie mir alles darüber.

Therapeut: Sie fühlen sich also vereinnahmt. Erzählen Sie mir alles darüber.

Therapeut: Sie begeben sich also immer wieder in Situationen, die Sie vereinnahmen. Erzählen Sie mir alles darüber.

Therapeut: Das Stehlen verschafft Ihnen also kurzfristige Erleichterung von Situationen, in die Sie sich begeben, die Sie vereinnahmen. Erzählen Sie mir alles darüber.

Therapeut: Sie schaffen sich also Situationen, in die Sie sich begeben können, um von diesen so vereinnahmt zu werden, dass Sie stehlen müssen, wodurch Sie für kurze Zeit beruhigt sind. Dann schaffen Sie sich wieder Situationen, in die Sie sich…

Therapeut: Was macht Sie so wütend? Sie allein sind der Schlüssel zu Ihrer Wut. Erzählen Sie mir alles über Ihre Wut.

*

1905, also gute 110 Jahre später, war meine Mutter schwer hysterisch. Hysterie ist der verzweifelte, aber dennoch unbeholfene Versuch eines Ausbruchs aus der ewigen Geschichte des Gedeutetwerdens durch Nachahmung der alten göttlich-männlichen Geschichte des Sich-Entzweiens, nur dass es der Hysterikerin nicht gelingt, nach dem Sich-Entzweien reflexiv zu sich zurückzukehren, um mit sich identisch zu werden im Eigentume eines anderen (und dadurch ihrer selbst). Wie auch: Meine Mutter besaß ja nichts! Die Totalität, im Hinblick auf die die Diagnose von ihrem Arzt gestellt wurde, hatte sie ja von vornherein nicht selbst in der Hand: Sie war, wie immer, nicht in der Position der Zahlenden, der Deutenden, sondern in der der Bezahlten, der Gedeuteten. *Außer den Alençonspitzen – zwölf Meter zu je tausend Francs –, die sich im Ärmel ihres Mantels fanden, wurden in ihrem Ausschnitt noch ein Taschentuch, ein Fächer und eine Krawatte entdeckt, alles in allem Spitzen im ungefähren Wert von vierzehntausend Francs. So stahl Madame de Boves schon seit einem Jahr, das Opfer einer wahnwitzigen, unwiderstehlichen Begierde. Sie stahl nicht nur Waren in den Geschäften, sie stahl auch ihrem Gatten das Geld aus der Tasche; sie stahl, um zu stehlen, triebhaft und hemmungslos.* Wenn sie schon nicht die Deutungsmacht über ihr eigenes Leben haben konnte, so wollte meine Mutter zumindest Diebstahl an dem begehen, was ihr Arzt für die Totalität seiner Deutungsmacht, seiner Rationalität hielt. Fun Fact: Freuds Hysterie-Analyse konnte selbst nur ›hysterisch‹ sein, d.h. *Bruchstück einer Hysterie-Analyse* (1905) bleiben: Dora stahl sich aus seiner Deutungsmacht und ihm die Fähigkeit, seinen Text zu einer Einheit zu machen und darin in seiner Rationalität selbst mit sich identisch zu sein. Die Depressive von heute fällt insofern hinter die Hysterikerin von damals zurück, als Letztere zumindest noch umzudeuten versucht hat; die Depressive hingegen gibt von vornherein auf, überhaupt Anspruch auf Deutungsmacht zu haben, was allerdings nicht ihre ›Schuld‹ ist (denn »Schuld ist ein gesellschaftlicher Verblendungszusammenhang«, wie Horkheimer/Adorno wussten). »Der therapeutische Diskurs pfropfte sich dieser besonderen Form weiblicher Subjektivität auf, einer Subjektivität, in der die Frau niemals ganz Subjekt werden kann, weil sie sich selbst Objekt ist und folglich sich selbst und ihr Innenleben als Forschungsgegenstand behandelt.« (Eva Illouz)

*

Im 19. Jahrhundert wurden die Hälfte bis zwei Drittel aller Frauen mit Hysterie diagnostiziert. Ihre Behandlung nahm bis zu drei Viertel der Zeit eines Arztes in Anspruch. Hysterie kommt von Altgriechisch *hystéra* = Gebärmutter, *hysterein* = später od. zu spät kommen, Mangel haben, Entbehren, *fail to do justice (to a theme)*, med. *to be in want*. Als Ursache legte man alsbald fest: Mangelnde Begattung durch einen Mann. Behandlungsmethoden daher: a) unverheirateten Frauen raten, zu heiraten; b) Frauen in der ärztlichen Praxis im Genitalbereich massieren, damit sie einen Orgasmus bekommen und sich dadurch beruhigen. Da die Ärzte alsbald in ihren Praxen durch Massieren weiblicher Genitalien überlastet waren (kein Witz), erfand man ein technisches Gerät, das die Massage schließlich übernahm, nämlich den Vibrator. Ist aber der Mangel, der dem Weiblichen als anderem der rationalen Totalität attestiert wird, nicht eher der Mangel dieser Totalität selbst, ihre Leerstelle, ihr blinder Fleck, Totalität, die gar nicht so total ist, wie sie gerne wäre, Rationalität, die sich im blinden Glauben an sich selbst in Irrationalität verkehrt – weil sie nämlich auf einer Leerstelle beruht, auf dem Glauben an ein Allerheiligstes, Einheit, totale

Übereinstimmung von Bezeichnendem und Bezeichnetem, totale Berechenbarkeit, der immer schon etwas Entscheidendes fehlt? »Ratio« ist die Berechnung; Vernunft dagegen ist etwas völlig anderes, wie Kant wusste. »Je mehr die Denkmaschinerie das Seiende sich unterwirft, um so blinder bescheidet sie sich bei dessen Reproduktion. Damit schlägt Aufklärung in die Mythologie zurück, der sie zu entrinnen wusste.« (Horkheimer/Adorno) Und besteht nicht der erste Versuch der Rebellion dessen, dem über Jahrtausende die semantische Bürde des Mangels, auch des Ir- oder zumindest nicht *ganz* Rationalen auferlegt wurde, fast zwangsläufig zunächst einmal darin, sich aus der Bezeichnung durch den (Be-)Deutenden zu entwinden/entwenden, oder den »Dolch«, wie Nietzsche sagen würde, gegen ihn zurückzuwenden? Diebstähle in den alten Mythen sind fast immer Diebstähle einer als zweitrangig erklärten Figur an einer als erstrangig erklärten Figur. Am Ursprung der Gemeinschaft, der immer mythisch ist, steht der Diebstahl, und weil niemand einen Dieb halten kann, der jeder ist (wenn schon Sonne, Mond, Meer und Erde Diebe sind, um wie viel mehr erst der Mensch), erzählt man sich Geschichten über Prometheus, Eva, oder über meine Mutter.

*

Meine Mutter verschwand am 3.4.2017 in Unterpommern, wo sie zuletzt im Klassenzimmer der 3a der Volksschule gesichtet worden war, als die Lehrerin wieder ihre weiße Plastikflöte zückte und im Begriff war, meiner Mutter eine Aufgabe zu erteilen. Meine Mutter sprang vom Stuhl, riss die Hände nach oben und rannte mit fuchtelnden Armen und weit aufgerissenem Mund, dem in ohrenbetäubender Lautstärke abwechselnd Geschrei und Gelächter entwichen, aus dem Klassenzimmer, aus dem Gebäude und aus der Stadt, vielleicht auch aus dem Land. In der Nähe des Schulhofes habe ich eine Notiz von ihr gefunden, die sie unterwegs verloren haben muss: *STEAL BIG!* steht auf der Vorderseite, und aus knappen Stichpunkten auf der Rückseite geht hervor, dass sie dabei war, einen Plan zu schmieden, wie sie Diebstahl an der Form begehen könnte statt am Stoff, nicht mehr Vielfaches, Konkretes zu stehlen, irgendwelche Dinge, die in ihr eine scheinbar erratische, den Sinnen und dem Materiellen vollkommen ergebene ›hysterische‹ Lust am Nehmen und am Umverteilen, d.h. am Umdeuten hervorriefen, sondern an der Form zu stehlen, am Prinzip der Zweiheit mit einem Über- und einer Unterlegenen selbst. Es gibt deutliche Anzeichen dafür, dass sich meine Mutter irgendwann im Verlauf des 20. Jahrhunderts nach Frankreich abgesetzt und dort mit sehr vielen Philosophen geschlafen hat, wodurch diese, nach Meinung Schlands, wo man auch im 21. Jahrhundert noch zutiefst überzeugt war von einer sehr alten, sehr machtvollen Geschichte, alle in eine Art illegalen = unlesbaren Nietzscheanischen Wahnsinn verfallen sind, infiziert durch ihr zweideutiges GIFT des Buchstabens, das schon Platon kasteit hatte. Am Ende war dieser Sündenfall der Philosophie, die promiske Hingabe des Textes, der oder den meine Mutter sprach, an ›Materielles‹, ›Mutterhaftes‹, ›Einzelnes‹, ›Konkretes‹, kurz und gut: an die Flut von Stoffen, die sich in allen denkbaren Farben im Warenhaus meines Vaters von oben nach unten herab ergossen, ohne durch genau *ein* geehelichtes legislatives Subjekt lesbar gemacht zu werden, auch noch ansteckend, und echten Männern wuchsen Brüste und Gebärmütter! Traum eines Wahnsinnigen wie, in gewissem Sinn, Nietzsche, sicher aber Daniel Paul Schreber, und bis heute Alptraum des ›richtigen‹ deutschen Philosophen. Nietzsche: Verführt, gar penetriert, durch »die Frauen«, bestohlen an der ›Einheit‹ der Ratio: Das war sein Genuss (oh schändliches Wort) des Denkens und Schreibens! / Und er lachte schallend über meinen Vater, sowie über den Vater meines Vaters, sowie über den Vater meines Vaters meines Vaters, er lachte schallend über eine ganze Abstammungslinie von Vätern, die Erkenntnis mit Begattung einer verschleierten und unbefleckten Wahrheit verwechselt hatten, von der sie sich die Wiedererlangung einer Identität erhofften, die ihnen irgendwann gestohlen worden war (Komödie in unendlich vielen Akten, wobei das Stück regelmäßig von vorne losgeht, meistens ohne dass es jemand merkt) und mit der sie nicht einmal verkehren mussten, um einen wahren Sohn zu zeugen, der sich wie von Geisterhand in der Gebärmutter meiner Mutter fand, ohne dass sie je gefragt worden wäre, ob sie eigentlich über-haupt Stoff und Eigentum einer Geschichte sein wollte, in der sie gar nicht vorkam.

Diebstahl des ›Stoffs‹ an der ›Form‹: Untergeordneter Gott, der ihm übergeordnetem Gott Feuer oder Rinder stiehlt. Dämon, der am Mond frisst, sobald dieser kurzzeitig ›ganz‹ geworden ist. Adler, der am Organ nagt, das »Sitz der Emp-findungen und des Lebens« ist. Eva, die am Baum der Er-kenntnis knabbert, der Gott gehört. Dora, die Freuds Text dessen potenzielle Ganzheit stibitzt. Menschen, die ver-suchen, Gott dessen Identität zu stehlen, um selbst Gott zu werden, woraufhin Gott ihnen stiehlt, was sie für ihre (potenzielle) Identität bzw. Einheit hielten. Madame de Boves, die Stoffe stiehlt, die der Spitzenabteilung gehören, um damit ihre Inneneinrichtung zu besetzen. – Hermes legt sich am Tag seiner Geburt, der der Tag seines großen Dieb-stahls ist, nach vollbrachter Tat zurück in seine Wiege. Und was macht meine Mutter? Meine Mutter sitzt am Computer und schreibt.

Neigen heißt nicht beugen,

oder:

Äpfel für Pater Ambrosius

The taste! The taste undid my eyes
And led me far from the gardens planted for a child.
Tony Morrison, *Eve Remembering*

C'est parce que nous sommes au Paradis
que tout dans ce monde nous fait mal.
Sophie Podolski, *Le pays où tout est permis*

Das Unwahrscheinliche ist nie der Anfang, aber hinterher ist jeder Anfang unwahrscheinlich gewesen. Verbirgt sich denn nicht in jedem Buchstaben ein Traum?

:::

An einem Abend im Frühherbst, das Jahr kann ich nicht nennen, stand ich vor einem Ticketautomaten der Berliner Verkehrsbetriebe an der S-Bahn-Station Jungfernheide, um ein Viererticket zu ziehen. Während der Automat meine Tickets druckte, bemerkte ich eine Extralade, die sich auf der linken Seite befand. Obwohl sie gut sichtbar war, wusste ich sofort, dass ich die erste und einzige Person sein musste, die sie entdeckt und jemals gesehen hatte. Ich zog an der Lade, und aus ihr purzelten Münzen, insgesamt viel mehr Geld, als ich in den Automaten eingeworfen hatte. Unter den Münzen befanden sich neun alte Groschen aus der Zeit von Mark und Pfennig, über die ich besonders überrascht war, schließlich konnte man mit ihnen schon seit bald zwei Jahrzehnten nichts mehr kaufen. Der Automat hörte in dem Moment, in dem ich die Lade herauszog, auf, die Tickets zu drucken, weshalb ich nur zwei anstelle der vier Tickets in Empfang nahm; aus mir nicht näher bekannten Gründen wusste ich aber sofort, dass das daran lag, dass ich die Lade zu früh herausgezogen hatte. Man musste erst alle Tickets drucken lassen, bevor man die Lade ziehen durfte, sofern man alle Tickets haben wollte, für die man bezahlt hatte. Ich fühlte mich wie eine Lottogewinnerin, als würden die Berliner Verkehrsbetriebe sagen wollen: Fahr durch die Stadt, wie du willst, verkehr, mit wem du willst, der Automat wird nie mehr etwas von dir fordern; im Gegenteil, von jetzt an wird der Automat dich bezahlen, ohne dabei auch nur ein einziges Auge auf dich zu richten, ohne dich auch nur in die kleinste Schuld zu verstricken. Mir war sehr feierlich zumute.

:::

Bayern, eine Taufgemeinde, ein Schwall Wasser, eine Pfarrerin, die von Leben und Tod erzählt und dann sagt: *Der Herr behüte deinen Eingang und Ausgang von nun an bis in Ewigkeit.* Unter dem Schwall Wasser: der Kopf eines wenige Monate alten Mädchens.

Bayern, eine Taufgemeinde, eine Kerze, ein Taufspruch: *Von allen Seiten umgibst du mich und hältst deine Hand über mir.* Unter der Hand: dasselbe wenige Monate alte Mädchen.

Bayern, eine Kirche, eine Taufgemeinde, darunter ich, die nicht begreift, wie man diesen Spruch tröstlich finden kann, die nicht begreift, wie man die Aussicht des Körpers, lückenlos bewachtes Haus einer Sprache zu werden, tröstlich finden kann, die nicht begreift, warum der Körper nicht lieben soll, warum er nicht erzählen soll, warum er nicht davonfliegen soll, warum er nicht gehen soll, wenn und wie er will, die nicht begreift, warum es tröstlich sein soll, dass eine Hand über ihn gehalten wird, die ihn beugt, und es ist ja so, ich jedenfalls kann mir keinen von einer über ihm schwebenden Hand bewachten Körper vorstellen, der aufrecht geht, der den Mund aufkriegt, der imstande ist, etwas zu erzählen, schon gar nicht, wenn sein Ein- und Ausgang »behütet« wird »bis in Ewigkeit«, es sei denn, es wäre (in irgendeinem Sinne) Geständnis oder Beichte; aber Literatur, das ist weder Geständnis noch Beichte, Literatur, das ist nicht, was gebeugt bleibt und unter der Hand, Literatur, das ist nicht das Geständnis einer Schuld oder die Beichte eines sündigen Verkehrs, und die »schöne Geschichte«, meine Damen und Herren, befindet sich lang schon im Widerstand: Rutschen Sie doch auf Ihren Stühlen herum, so viel Sie wollen, die »schöne Geschichte« hat sich die Haare vom Kopf rasiert und die Reizwäsche abgelegt, sie kämpft jetzt auf einem Feld weit vor den Toren Ihrer Erinnerung, und sie kämpft nicht, lassen Sie sich das gesagt sein, um die Festung Ihres Erinnerten zu verteidigen. Dies ist keine Kirche, dies ist kein lückenlos bewachtes Haus. Hier wird niemand getauft.

:::

Amelie und ich haben einmal, ein einziges Mal, und wir müssen schon weit in unseren Zwanzigern gewesen sein (was die Sache leicht peinlich macht, das sicherlich, aber das Peinliche ist der Körper des Anstands, also los), einen Ausflug zurück in die Kirche unserer alten Schule unternommen; wir hatten einen Haufen Zettel dabei, auf die wir obszöne oder alberne Dinge geschrieben hatten, was genau, weiß ich nicht mehr, wir zogen die schwere Eisentür auf, die Kirche war tatsächlich leer, kein Priester, keine Nonne weit und breit, wir liefen durch die Reihen und verstreuten unsere Zettel in der gesamten Kirche, kichernd wie zwei Schulmädchen, und ich will behaupten, dass wir hinterher vielleicht fast ein wenig enttäuscht waren, nicht erwischt worden zu sein, ich jedenfalls, denn es gab lange, und ich sage das, ohne zu wissen, was ich davon halten soll, Tage, da dachte ich, dass ich manchmal allen Ernstes wünschte, die Nonnen stünden morgens vor meiner Tür und holten mich ab, und brächten mich zurück in den Keller, in dem ich schrieb und Ramazzotti trank, manchmal mit Amelie, manchmal auch allein, um die Ecke lagen die Nonnen in ihren Särgen in der Gruft und über uns, bei Tageslicht, wurden die Türen unter den Kruzifixen geschlossen, hinter den geschlossenen Türen wusste man stets, was richtig und was falsch war, und die größte Schuld, die man im Angesicht der geschlossenen Türen mit den darüber hängenden Kruzifixen begehen konnte, bestand darin, die Tür trotz Kruzifix als Tür zu betrachten: Für den Kellerraum dagegen, über dessen Tür kein Kruzifix hing, hatten nur die Putzfrau und ich einen Schlüssel, da ich die Schülerzeitung leitete, für die der Raum bestimmt war, und mit der Putzfrau hatte ich einen unausgesprochenen Pakt: Wenn sie hereinkam und Amelie und mich dabei ertappte, wie wir die Wirkung des Ramazzotti auf das menschliche Denkvermögen anhand praktischer Anschauung untersuchten, warf sie lediglich einen grunzenden Blick in den Raum, da sie sah, dass sie uns in der Chemiestunde gestört hatte, und zog wieder von dannen. Lange erschien mir dagegen manchmal alles furchtbar banal: Niemand zwang mich mehr auf eine Seite einer Tür, über der ein Kruzifix hing, niemand zwang mich überhaupt zu irgendetwas, die große Freiheit, in der sich immer noch wähnt, wer nach Berlin kommt, langweilte mich maßlos, viel maßloser, als mich die beinah Geschlechtslosen in den schwarzen Kostümen, die stanken, wenn sie schon in der Gruft lagen, und stanken, wenn sie noch nicht in der Gruft lagen, je gelangweilt haben, nein: Gelangweilt haben mich die Nonnen nie, das kann ich nicht behaupten, ich habe sie gehasst, wie banal war es dagegen, Seminare zu schwänzen, in die mich ohnehin keiner zwang, ich habe fast alle Seminare fast immer geschwänzt, am liebsten bin ich immer in der Nähe des Uni-Gebäudes in einem Café gesessen, oder habe, wenn ich dann doch im Seminar saß, dort etwas anderes gemacht, gelesen zum Beispiel, jedenfalls etwas anderes, und ich glaube, der Grund dafür, warum ich immer ein außerordentlich feierliches Gefühl hatte, wenn ich mich solchermaßen der Erzählung der Institution entzog, ein feierliches Gefühl wirklicher Privatheit, das es vielleicht überhaupt, jedenfalls aber für mich nur in der Heimlichkeit des Etwas-anderes-tun-als-man-tun-*soll* gibt, hatte etwas mit der Weigerung zu tun, meinen Körper unter die Hand der Erzählung der Institution zu beugen, mit der Weigerung, meinen Körper, der meine Sprache ist, als schuldig im Sinne der Anklage zu betrachten, und darin, dass es vielleicht keine explizitere Geste gibt, die Sprache der Forderung einer Schuld zu entziehen, als im Angesicht dieser Forderung, in ihrer unmittelbaren Nähe, mit aufrechtem Körper (ich hatte aber nie einen aufrechten Körper, ich musste ihn mir mühsam antrainieren, als Jugendliche ging ich immer gebeugt, mit krummem Rücken) der Institution zu trotzen und der Gewalt, die ihre Sprache ist. Vielleicht kann man ihr nie so direkt in ihr »allwissendes« Auge blicken wie im Moment der Verweigerung; vielleicht ist der einzige Moment, in dem die Institution ihr Gesicht tatsächlich *zeigt*, der, in dem sich ein Körper hinstellt und leise sagt: Nein. Nein, du wirst meine Sprache nicht sprechen. Ein Rätsel wird sie dir bleiben, denn ein Rätsel hat auch dich geboren, mein Freund.

:::

Vielleicht, aber auch das wäre nicht mehr als eine Fußnote der Geschichte, sagt dies schon alles, was es zu sagen gibt über den kuriosen Krieg, den die deutsche Sprache auf dem Gebiet der Philosophie (ja, man muss in diesem Fall tatsächlich sagen: auf ihrem *Gebiet*) immer noch gegen das Französische führt: Die INSTITUTION (deutsch) versteht sich aus der Herkunft und dem Ideal der Einstimmigkeit von Geschichte mit genau einem Ursprung (das, was es immer schon gibt, das, was nicht änderbar ist); *institution* (französisch) versteht sich von der Zukunft her und von dem, was es noch nicht gibt (Einschreibung eines anderen in das, was es schon gibt).

Dieselbe Herkunft ist nie dieselbe Herkunft; dasselbe Wort ist nie dasselbe Wort.

»Katholisch« kommt vom altgriechischen *kathólou* oder *kathólon*, zusammengesetzt aus *katá* und *hólos*, im ersten Fall mit Genitiv, im zweiten mit Akkusativ. *Katá* als Adverb heißt »herab, nieder«, mit Genitiv »von oben nach unten herab«, mit Akkusativ u.a. »über... hin«, »gemäß«. *Hólos* heißt »ganz«, *tó hólon* »das Ganze«. *Kathólou* bedeutet also: von oben nach unten herab das Ganze betreffend, *kathólon* bedeutet: dem Ganzen gemäß. Als Adjektiv wird *katholikós* im Sinn von »allgemein, überhaupt« eingesetzt.

Unter dem Eintrag *katholikós* verzeichnet das umfangreichste verfügbare Altgriechisch-Lexikon *Liddell-Scott-Jones* zudem die Bedeutung *supervisor of accounts* = Lat. *procurator a rationibus*. Der *katholikós* ist also auch so etwas wie ein oberster Finanzminister oder Finanzsuperintendent, in Rom als *procurator a rationibus* der Verwalter des Kontos des Kaisers, der selbst eine göttliche Instanz ist. Lat. *rationibus* ist der Dativ Plural von *ratio*, was so viel heißt wie: »Berechnung, Erklärung, Prinzip«.

Was erst noch Fußnote werden muss: »Von Anfang an« denkt diese Geschichte ihren Begriff des Allgemeinen, Universellen, »das Ganze« Betreffenden, und damit letztlich ihren Begriff der Ratio, der Rationalität, ihren Begriff des Vaters = Autors als eine Ausgabe von oben nach unten, durch die eine hierarchisch, aber auch kosmographisch als untergeordnet (elementenhaft = weiblich/mutterhaft) gedachte Instanz zum Schuldiger/Schuldigen wird. Das Verblüffende daran ist, dass es dieser Geschichte bis heute, oder heute vielleicht sogar erst recht, auf geradezu geniale Weise gelingt, zu verschleiern, dass ihre Ausgabe nicht auf realem Wert beruht, sondern eine reine Erfindung ist.

Wer hat das Recht, zu erfinden? Und wer nur das Recht, erfunden zu werden? Wer beugt, wer wird gebeugt? Es gibt keine »bloße« Fiktion; jede Fiktion will wirklich werden, und genau dadurch hat sie immer auch schon Wirklichkeit. »Verletzungen können von Fiktionen ausgelöst werden, die Verletzungen selbst sind real«, schreibt Monika Rinck. Es geht um die Frage: Wie richtet man den Körper auf, wie richtet man die Sprache auf, kommend aus den Beugungen vergangener und allgegenwärtiger Fiktionen. Es geht um die Frage: Wie schreiben, ohne zu beugen?

:::

Das Einzige, was mir zu Groschen aus der Zeit von Mark und Pfennig einfällt, ist: Der Wohnzimmertisch meiner ersten Klavierlehrerin, ein Metalltisch mit einer getönten Glasplatte, auf der neben anderem Krimskrams immer Haufen von Münzen herumlagen, was mir einfällt, ist: Ich, sitzend vor dem Tisch auf dem dunkelgrünen Eckledersofa, wartend auf meinen Teil der Stunde, die ich mir mit meinem Kindergartenfreund Markus teile, Markus, in den ich unsterblich verliebt bin und der, wenn er nicht gerade Kicheranfälle hat, immer alles fehlerfrei spielt und viel besser als ich, davon bin ich felsenfest überzeugt, ich also auf dem Sofa, Markus ein paar Meter weiter am Flügel, die Lehrerin voll und ganz auf ihn konzentriert, und dann meine Hand, wie sie langsam über den Tisch wandert und heimlich ein paar Groschen nimmt und in meiner Hosentasche verschwinden lässt. Der Flügel war ein Steinway, nicht die längste Variante, die es gibt, aber auch nicht die kürzeste, irgendetwas dazwischen; später, als Übe- und Unterrichtsinstrumente überall zu Yamahas wurden, stellte auch meine Klavierlehrerin sich einen Yamaha in den Keller und verlegte den Unterricht dorthin, viel später kann es allerdings nicht gewesen sein, vielleicht ein Jahr, denn ich erinnere mich, dass ich noch sehr klein war, als der Unterricht in den Keller verlegt wurde, erste Grundschulklasse vielleicht, ich erinnere mich, dass ich einmal nicht spielen wollte, weil mir irgendetwas peinlich war, was, weiß ich nicht mehr, aber ich wollte partout nicht die Finger auf die Tasten legen, ich saß auf dem Hocker, schüttelte den Kopf und sagte immer wieder, ich will nicht, ich will nicht, die Klavierlehrerin rief ihre Tochter, die Tochter kam in den Keller, und zu dritt machten wir irgendein Hüpf- und Ratespiel, bis ich mich schließlich doch bereit erklärte, den Yamaha in näheren Augen- bzw. Fingerschein zu nehmen. Yamahas gab es auch später überall, bei anderen privaten Klavierlehrerinnen, aber auch in den Übe- und Unterrichtsräumen des Konservatoriums und im Musiksaal meiner Schule, wo die Musiklehrerin, die meinte, sie könne jedes einzelne Instrument spielen, insbesondere meinte, Klavierspielen könne sie von allem am allerbesten und sie müsse uns alle Stücke, die besprochen wurden, eigenhändig vorspielen, anstatt eine Platte mit einer Aufnahme in den Player zu schieben, wie es andere Musiklehrer machten, und spätestens, wenn sie einen Chopin oder Mozart in die Tasten hudelte, musste ich immer sehr dringend auf die Toilette. Was mir noch einfällt: Das Lehrerpult im Kursraum im vierten Stock, in dem der Englisch-Grundkurs stattfindet, hinter dem Lehrerpult Frau Manner, nennen wir sie so, Frau Manner nennt uns immer »meine Mädchen«, Frau Manner habe ich auch im Deutsch-Leistungskurs, sie kommt aus einem Dorf in Österreich, steht kurz vor ihrer Pensionierung und wird bitterböse, als ich mich beschwere, dass wir nie etwas diskutieren, sondern jeden Tag Einträge aus Kindlers Literaturlexikon auswendig lernen sollen, um sie am nächsten Tag referieren zu können, Frau Manner wird bitterböse, lässt ihre Goldklunker baumeln und sagt, »Ja was glauben Sie denn, wie das an der Universität ist, glauben Sie denn, da stellt sich der Professor vorne hin und sagt, so jetzt diskutieren wir mal?!«, und da ich zu diesem Zeitpunkt nicht wissen kann, wie es an der Universität ist, ist meine trockene Antwort: »Sie sind aber kein Professor.« Der kurze Moment Sprachlosigkeit, der kurze Moment, in dem Frau Manner nicht weiß, was sie sagen soll, der kurze Moment Triumph gegenüber der Vertreterin der Institution nützt mir natürlich nichts, gar nichts: Der Krieg ist eröffnet, und es wird zurückgeschossen. Das Lehrerpult im Kursraum im vierten Stock also: Dahinter in ihrer ganzen stark parfumhaltigen, goldklunkerigen Wuchtigkeit Frau Manner, wie sie Kopien sortiert, ich komme und störe, denn die erste Ausgabe der Schülerzeitung in diesem Jahr ist gerade herausgekommen, Amelie und ich tragen von früh bis spät Heftstapel mit uns herum und bieten sie an wie

Sauerbier, Frau Manner kauft mir eine Ausgabe ab, sie zählt eine Mark fünfzig ab, die fünfzig Pfennig gibt sie mir in fünf Zehnpfennigstücken, dann macht sie eine Geste, die vielleicht so etwas sagen will wie, *wollen wir mal nicht so sein*, und gibt mir obendrauf ein Zweimarkstück Trinkgeld. Was sie zu diesem Zeitpunkt noch nicht weiß: Auf die erste Seite ist ein Zitat von ihr gedruckt als »Spruch des Monats«, davor ihr Name: *Manner: Im Prinzip kann der Lehrer durch Abiturdexte ersetzt werden*, das Ganze rings umrahmt von einem Kasten aus BRAVO!*BRAVO!*BRAVO!*BRAVO!*BRAVO!, Abiturdexte waren Abituraufgaben mit Musterlösungen, gesammelt vom STARK-Verlag und gedruckt in weißen Büchern mit roten Streifen und roter Schrift darauf, diese Aufgabensammlungen gab es auch für Deutsch, und wenn Frau Manner gerade keinen Kindlers-Literaturlexikon-Eintrag hatte, den sie austeilten konnte, auf dass wir ihn auswendig lernten, so teilte sie Abiturdexte mit Musterlösungen aus, die wir stattdessen lernen sollten, um sie am nächsten Tag referieren zu können, ich lernte nie, ich referierte nie, ich hängte stattdessen Zettel an die Pinnwand im Kursraum, Zettel, auf denen zum Beispiel in Großbuchstaben und größtmöglicher Schrift gedruckt stand: VIEL WISSEN BEDEUTET NICHT WEISE SEIN (SOKRATES), und Maria-Anna, die weiße Blusen, einen langen Zopf und karierte Röcke trug, Maria-Anna, die immer alle Hausaufgaben machte, fragte mich einmal mit einer Mischung aus Erstaunen und Entsetzen, ob ich sie denn wirklich gar nicht *klug* fände, die Frau Manner?! Der letzten Ausgabe der Schülerzeitung, die ich verantworte, verpasse ich ein Jahr später einen deutlichen Hauch von Theatralik, unter anderem durch einen Auszug aus Max Frischs *Stiller*, den ich auf die hintere Innenseite des Umschlags drucke, den letzten Satz dieses Auszugs weiß ich immer noch auswendig: »Das ist die erschreckende Erfahrung dieser Untersuchungshaft: Ich habe keine Sprache für meine Wirklichkeit.« Stillers Identitätskrise haftet allerdings, das denke ich damals noch lange nicht, etwas Kokettes an; denn natürlich hat Stiller eine Sprache für seine Wirklichkeit, gerade so, wie auch Max Frisch eine Sprache für Stiller hat. *Stiller* war für mich lange Zeit das wichtigste Buch überhaupt, ich habe es wieder und wieder und wieder gelesen, habe mich selbst wieder und wieder und wieder als »Stiller« zu schreiben versucht, aber etwas daran stimmte nicht, etwas daran funktionierte nicht, und sehr lange verstand ich nicht, was. Die »Krise« der Identität macht die Geschichte der Identität letztlich nur sattelfester und ihre Strategien perfider. Stiller sagt nicht die Wahrheit, wenn er behauptet, er habe keine Sprache für seine Wirklichkeit; der Boden, auf dem er läuft, ist uralt, er beschreibt nur ein gewisses Unbehagen daran und arrangiert die Wörter neu. Der Frau steht hingegen weder der Topos der Identität zur Verfügung noch der der verweigerten Identität, sie hat keinen bereits bestehenden Sprachboden, auf dem sie laufen kann, die Geschichte will ja gar nicht, dass sie überhaupt läuft (reist, geht, fliegt, stiehlt, schreibt). Die Geschichte will vielmehr, dass sie der Boden ist, der Ort, von dem der Identitätssuchende/Identitätsverweigernde sich abstoßen kann, um zu sagen: *Ich bin nicht Stiller.* Als Ort, der seine Identität verbürgt, ist sie zugleich auch deren Boden, deren (Austragungs-)Ort, deren Fortbewegungsmittel, deren Vehikel, deren Medium, Hegels Negation, die ihn auf einer höheren Bewusstseinsstufe, an einem anderen Ort seiner Identitätsreise (wieder-)gebiert: »Idealerweise« ist sie auch der heimatliche Hafen, in den er (Odysseus) zurückkehrt, eins mit sich geworden. Aber was ist *ihr* Boden, *ihr* Ort, *ihr* Vehikel, *ihr* Medium? Wo landet man, wenn das, worauf man sich verweigernd bezieht, nicht ein Ort ist, eine Identität, die durch etwas dem eigenen Körper Externes verbürgt wird (und von dem man »nur« aufbrechen muss, um an einem anderen Ort eine andere Identität anzunehmen) – sondern wenn man verweigert, Ort zu *sein*, Vehikel zu *sein*, Medium zu *sein*, Negation zu *sein*? Stiller lügt schon im ersten Satz; denn Stiller ist Stiller, das wird im Lauf der Geschichte klar, und nur weil Stiller Stiller ist, kann er behaupten, er sei es nicht. Nur weil er eine Sprache hat, kann er behaupten, er habe keine Sprache. Vor 20 Jahren borgte ich mir Frischs Sprache, ich habe sie ihm nie zurückgegeben, ich werde sie ihm auch nie zurückgeben, ich werde sie aussetzen auf einem Feld, auf dem Stiller vor lauter Übermüdung einschlafen wird, um eines Tages aufzuwachen, sich die Augen zu reiben und auszurufen: Herrje, was habe ich geträumt!

::::

Gibt es unschuldige Non-Fiction? Es gibt überhaupt nichts, was unschuldig ist, sofern mit »unschuldig« gemeint ist: unberührt, an sich, wahr; kein Blatt Papier ist je weiß gewesen, kein Körper ist je Loch gewesen, und Unschulds-, Reinheits- und Weißheitsvorstellungen gehören zu den ältesten und gewaltsamsten Fiktionen der Menschheitsgeschichte.

Nicht jede Fiktion beugt, was sie erfindet, es gibt Fiktion, die das Gegenteil tut, und auch literarische Non-Fiction erfindet, aber in der Non-Fiction, die ich meine, ist das Erfinden immer ein Zurückreisen in der Zeit. Wobei »erfinden« ein irreführendes Wort ist; es geht ja nicht um Erfindung im »ursprünglichen«, d.h. im ideologischen Sinn. Das Verb, dem dieses Er-finden folgt, heißt nicht *to member*, sondern *to re-member*, ein Wort, das etwas ganz anderes sagt als das deutsche *Erinnern* (als Gegensatz des *Ent-* oder *Veräußerns*). *Remember*: umordnen, neu anordnen, erneut anordnen, neu aufwerfen, und damit nie aufhören (niemals gewaltsam, niemals als Intention eines wollenden Subjekts/Autors); *Erinnern* dagegen: in sich bewahren, ein für alle Mal aufheben, erzählen, aber zugleich zähmen in festen Bildern, einschließen (mitunter gewaltsam, gerne als Intention eines wollenden Subjekts/Autors).

Wer die Zukunft erfinden will, ohne jederzeit auch das Material, das sie gebiert, neu aufzuwerfen, will nichts anderes, als sie zu beugen und selbst Autor dieser Beugung zu sein. Genau genommen will er die Zukunft beenden: Denn die Zukunft, wie die Erinnerung, ist für ihn kein lebender Körper mit hundertfach eigener Lust, kein Element, dessen Wesen darin besteht, zu zeugen und zu bezeugen, was ihm entgeht, sondern nichts als ein Loch, das es zu stopfen und zu besamen gilt. Das ist Fiktion im naiven Sinne; naiv, denn es ist das Wesen der Zukunft, das Wesen der Schrift, das Wesen der Erinnerung, nicht beugbar zu sein, jedenfalls nicht dauerhaft, nicht »in Ewigkeit«. Es ist ihr Wesen, sich an irgendeinem Punkt der Geschichte, jeder Geschichte, hinzustellen und leise zu sagen: Nein. Nein, Du wirst meine Zeichen nicht beherrschen, ein Rätsel werden sie Dir bleiben, denn ein Rätsel… usw.

::::

Die Schülerzeitung musste ich vor Drucklegung immer der Rektorin, Schwester Dolorosa, zur Zensur vorbeibringen, sie nannte mich stets Claudia, ich berichtigte sie nie, *Claudia*, sagte sie, wenn ich in meinen weiten Hosen und den weiten Kapuzenpullis vor ihrer Rektoratstür stand, *Claudia*, und sie packte mich bei den Schultern, richtete mir den Rücken gerade und sagte, *Claudia*, Sie würden ja *noch viel!* schöner aussehen, wenn Sie *jetzt auch noch!* die Hände aus den

Taschen Ihrer Hose nehmen würden, die im Übrigen doch eigentlich auch *viel zu weit!* für mich sei, Schwester Dolorosa also führte mit mir einmal ein ausführliches Gespräch über Sprachgefühl, nachdem sie mich hereingebeten und ich auf der Eckbank Platz genommen hatte, die in etwa so aussah wie die Eckbänke, die man in vielen bayerisch-katholischen Haushalten findet, nur hässlicher, billiger, Eichenholz ganz bestimmt, jedenfalls aber mit dem obligatorischen Kruzifix über dem Kopfende, selbst hier roch es nach Kohl, im ganzen Schulgebäude roch es ja immer nach Kohl, und inmitten des Kohls, um den Kohl herum und über den Kohl hinaus hatten die Nonnen verschiedene Zuständigkeiten, für den Hof zum Beispiel war Schwester Perpetua zuständig, in der Pause durften wir immer schön hintereinander in Zweiergrüppchen den Weg entlanggehen, der quadratisch um eine kleine Wiese angelegt war, aber wehe, eine von uns erdreistete sich und setzte ihren Fuß auf das zarte Gras, dann kam Schwester Perpetua gleich mit erhobenem Zeigefinger angerannt und fletschte ihre großen, gelben Zähne unterhalb ihres großen, silbernen Kassengestells mit den dicken, schweren Gläsern. Auf der Eckbank im Rektoratszimmer jedenfalls, ich will mir sicher sein, dass ich es vermied, unter dem Kruzifix zu sitzen, aber in Wirklichkeit kann ich mir dessen nicht sicher sein, es ist zu lange her, und was zu lange her ist, läuft in Wirklichkeit immer Gefahr, unter einem Kruzifix zu sitzen, auf der Eckbank also musste ich Schwester Dolorosa erklären, warum ich in meinen Texten so viele Doppelpunkte verwendete; und es stimmte, ich hatte einen Doppelpunkt-Fetisch, was vielleicht nur daran lag, dass ich gerade Johnson gelesen hatte, *Ingrid Babendererde*, mit Hilfe sehr vieler Doppelpunkte schrieb ich einen Text über Schulsport, eins der Dinge, an die sich bis heute die größten WARUM NUR? meiner Schulzeit heften, vom Kasten mit dem Lederaufsatz und der gefederten Absprungrampe, vom Reck, vom Barren, vom Bock, von Medizinbällen, vom Völkerball, bis hin zu den schweren blauen Matten, auf denen man bei den Bundesjugendspielen, an denen wir jedes Jahr teilnehmen mussten, irgendwann keinen Purzelbaum mehr machen durfte, weil Purzelbäume zu *einfach* waren, ich machte aber trotzdem immer Purzelbäume und bekam daher die schlechtesten Noten, manchmal auch Verweise wegen »wiederholter Verweigerung der Teilnahme am Sportunterricht«; der Text für die Schülerzeitung jedenfalls handelte genau genommen von nichts, denn er erzählte weder eine Geschichte noch einen Witz, es ging darin allenfalls um Mädchennamen, die in Bayern kaum jemand kannte, weil sie aus dem Friesischen kamen, Inken zum Beispiel, Mädchennamen, die so schwerfällig im Text hingen wie die Theresas, Marias und insbesondere Lilians mit ihren kreidegebleichten Händen und bestenfalls halbjährlich gewechselten Sportklamotten an den Reckstangen in der Turnhalle, um Inken also ging es, und um Doppelpunkte, die ich anstelle jedes anderen Satzzeichens einsetzte (ich glaube, sogar ans Ende), Doppelpunkte, die aus den Sätzen Endlosketten werden ließen und jegliches Gesagte öffneten für ein nächstes Gesagtes, oder es teilten in ein weiteres Gesagtes, Öffnen oder Teilen, wie hängt das zusammen, eng hängt das zusammen, Öffnen und Teilen sind in gewisser Weise dasselbe, ich teile, ich teile mit, je weiter ich teile, je mehr Teile daliegen, desto offener die Einladung, desto mehr kann von anderen gesammelt werden, bloß nichts verschließen, ich nannte den Text *Ein: wort: zum: Mädchen: sport*, in der Ausgabe gab es noch einen anderen Text von mir, in dem ebenfalls sehr viele Doppelpunkte vorkamen, darin ging es um Schlagworte, die Frau Manner über alle Maßen liebte, anders als ich, Worte zum

Schlagen, sagte ich dazu, oder schlagende Worte, was soll das, ich nannte den Text *Geschichten über meine erste Karotte*, Schwester Dolorosa breitete die losen Blätter des Entwurfs der Ausgabe vor sich aus, nahm *Ein: wort: zum: Mädchen: sport* und die *Geschichten über meine erste Karotte* in die Hand und sagte, »also, Claudia, ich weiß es auch nicht, aber das geht doch wirklich gegen *jegliches!* Sprachgefühl.«

:::

Claudere, lat.: abschließen, einschließen, schließen.

:::

Karl Kraus schreibt: »Manchmal lege ich Wert darauf, daß mich ein Wort wie ein offener Mund anspreche, und ich setze einen Doppelpunkt. Dann habe ich diese Grimasse satt und sähe sie lieber zu einem Punkt geschlossen.«

:::

In Arkadien gab es einst eine Stadt namens *kleítor* (Clitor oder auch Clitorium), von der man sich seltsame Dinge erzählte. Verschiedene Autoren berichten, es solle in jenem dort entspringenden Fluss, den manche Klitora nennen, andere aber Ladon, wieder andere Aroanius, singende Fische geben, die insbesondere bei Sonnenuntergang zu hören seien; Pausanias allerdings berichtet, dass er die Fische nicht habe singen hören, obwohl er bis zum Sonnenuntergang am Fluss sitzen geblieben sei. Berühmt war Kleitor darüber hinaus vor allem für seine Wunder vollbringende Quelle: Deren Wasser war so vortrefflich, dass, wer von ihm trank, den Geschmack für Wein verlor: »Wer seinen Durst an der clitorischen Quelle gelöscht hat, flieht vor Wein und freut sich enthaltsam an reinem Wasser...«, berichtet Ovid. Seine Besonderheit aber erhielt die Quelle durch folgende Begebenheit: Prötus, der Herrscher von Argos, hatte drei Töchter, die der Raserei verfallen waren; Melampus, ein Seher und Sühnpriester, hatte ihm angeboten, die Töchter zu heilen, wenn er im Gegenzug Teile von Argos erhalte. Prötus zögerte zunächst, doch als die Jungfrauen begannen, auch andere Mädchen mit ihrer »Krankheit« anzustecken, willigte Prötus ein. Seine Töchter rannten weg und versteckten sich in einer Grotte, doch Melampus kam ihnen auf die Spur und schleppte sie zu eben jener Quelle nahe der Grotte, um sie dort mit Hilfe von Zaubersprüchen und Kräutern von ihrer dionysischen Krankheit zu reinigen. Anschließend habe, berichtet Eudoxos, Melampus die Reinigungsrückstände in die Quelle geworfen, deren Wasser daraufhin so überaus lustbringend wurde. Die erste der Töchter wurde wenig später vollends gereinigt und geheilt, indem Melampus sie ehelichte.

Kleitor lag auf einem kleinen Hügel, und seine Bewohner galten als besonders freiheitsliebend; noch heute existieren die Ruinen der alten Stadt, aus deren Mitte eine Quelle entspringt, von der man annimmt, es handele sich um jene alte Wunderquelle. Der Altphilologe Reviel Netz sagt, »Klitoris« heiße wörtlich in etwa »the little Cleitor thing«. Zum Verb *klī́nein*, (sich) neigen, (an)lehnen, beugen, aus dem der Name der Stadt *kleítor* gebildet ist, gibt es auch ein Substantiv namens *klī́nē*, Bett, Lager, Bettgestell, Speisesofa, Tragebett, Sänfte, Bahre. Neigung wie auch Beugung sind also dem Legen und Liegen verwandt; Legen und Liegen wiederum gehören zum Umfeld des Lesens: lat. *legere* = sammeln, lesen, legen, liegen, von griechisch *légein* = sammeln, lesen, erzählen, schlafen legen, einschläfern etc. Neigung ist intransitiv, man kann sich nur selbst neigen; Beugung kann intransitiv sein oder auch transitiv. Das Gesammelte, Gelesene liegt; der Unterschied zwischen Neigung und Beugung ist, ob ich, die sammelt und liest, mich dazu lege, mich dazu lese, oder ob ich, die sammelt und liest, vor diesem Hingelegten, Hingelesenen stehen bleibe wie ein anonymes, vermeintlich körperloses, priesterliches Ausrufezeichen, das zur Reinigung und Züchtigung, d.h Beugung und Verschuldung des Gesammelten antritt, also kein anderes Interesse hat, als dessen Ein- und Ausgänge zu bewachen: So wird das Gelegte zum Gelegenen statt zum Geneigten, zum Traum vom schlafenden Abgrund im unreinen, der Raserei verfallenen Doppelpunkt, während der Doppelpunkt, das Gelegte, Geiegene, Gelesene selbst von frischen Brötchen träumt, vom Zurückschlagen der alten Daunendecke, von Füßen, die den Boden spüren, vom Duft frisch gebrühten Kaffees, kurz: vom Aufstand.

Hélène Cixous schreibt:»Von Bett zu Bett, das also ist ihre Reise: ein Bett, in dem sie höchstens träumen kann. Ihr kennt die hübschen perversen Analysen Kierkegaards von der ›Existenz‹ der Frau, wie sie die Kultur für sie vorsieht, und von der er sagt, daß er sie als Schlafende sieht. Sie schläft und, so sagt er, wird sie zunächst von der Liebe erträumt, woraufhin sie dann wiederum von der Liebe träumt. Von Traum zu Traum und immer an zweiter Stelle. In gewissen Märchen trifft man sie zwar aufrecht an, aber nicht lange.«

Das *Digitale Wörterbuch der deutschen Sprache* vermerkt unter dem Lemma »Klitoris«, das normalerweise als abgeleitet von griech. *klī́nein* »(sich) neigen, (an)lehnen, beugen« aufgefasst werde: »Dagegen möchte Chantraine die Bezeichnung lieber vom Verb griech. *kléiein* ›verschließen, verriegeln‹ ableiten.«

Für das Verb *klī́nein* vermerkt *Liddell-Scott-Jones* u.a. folgende Bedeutungen: »Make one thing slope against another, i.e. lean, rest it; turn aside; make another recline; in Magic, make subservient; *Gramm.*, inflect; *pass.* lean, stay oneself upon or against a thing; lie sloping towards the sea, etc., lie near; of persons, lie on, live on or by; wander from the right course.«

:::

Was, wenn man Träume nicht zählen kann? Bei David Graeber habe ich irgendwann einmal gelesen, sinngemäß: Verbindlichkeit war in noch-lange-nicht-kapitalistischen, in noch-lange-nicht-christlichen Gesellschaften keine Sache der INSTITUTION, sondern eine Sache der Nachbarschaft. Man musste sich gegenseitig etwas schuldig bleiben, denn eine Aufhebung jeglicher Verbindlichkeit, eine exakte Begleichung, hätte bedeutet, dass man mit der anderen Person nichts mehr zu tun haben wollte, was man sich in einer wirklichen Nachbarschaft aber kaum leisten kann. Man musste mehr zurückgeben, als man bekommen hatte, in irgendeinem Sinne; aber damit war die Beziehung zum Gläubiger nicht beendet oder erledigt, sondern das Verhältnis umgedreht. Der vormalige Gläubiger blieb nun etwas schuldig, und so weiter. Fatal dagegen die Verquickung von Schulden und Schuld: So kommen Kapitalismus und Christentum zusammen, so baut sich die zunehmende Anonymität des Eigentums ihre Festung, ihr himmlisches Fest. Rühr mich nicht an, schuldiger Körper, meine Sprache ist noch nicht zum Vater aufgefahren: wörtlich aus dem Griechischen *mḗ mou háptou* eigentlich, halt mich nicht fest. Halt mich nicht fest, schuldiger Körper, denn meine Festung ist noch nicht im Himmel, meine Geschichte, meine unendliche Fähigkeit, zu bedeuten = Geld auszugeben = Schuld auszugeben, ist noch nicht wasserdicht gegen dein (!) spaltendes Sprechen, gegen deinen Spalt im Sprechen, gegen deinen sprechenden Spalt, gegen deine Schuldigkeit gebaut.

»Geld n., ›Zahlungsmittel‹ in Form von Münzen und Banknoten, ist ein Verbalsubstantiv zu dem unter gelten (s.d.) behandelten Verb. Es gehört anfangs in die kultische und rechtliche Sphäre und bedeutet ›Opfer, Buße, Tribut‹, eigentlich ›das, womit man Opfer, Buße erstatten, entrichten kann‹.« (*DWDS*, Lemma »Geld«)

»[…] dessen eigentlicher sinn selbst jetzt noch deutlich anklingt in userm ich stehe dafür (ein), eigentlich stelle mich selber zum ersatz, eigentlich als geisel, dann als bürge (vergl. die entwickelung von geisel). ähnlich auch noch, wenn Christus sich als gelt für die menschheit hingibt: derselb hat uns geben .. sein heilige seel und leben zu einem gelt, uns zu einer erlösung.« (*Grimmsches Wörterbuch*, Lemma »Geld«)

»Rühr mich nicht an«, »noli me tangere«: Auf fast sämtlichen Darstellungen dieser biblischen Szene kniet Maria, gebeugt, vor Jesus, der aufrecht steht; auf den meisten hält er seine eine Hand entweder über ihren Kopf oder über eine ihrer Hände, nur bei Tizian und Rembrandt hält er in der einen Hand ein Gartenwerkzeug und mit der anderen sein eigenes Gewand. Bei Tizian zieht er das Gewand wie zum Schutz zwischen Marias Hand und seinen Körper, sein Gesicht wirkt selbstsicher, fast überheblich, Rembrandts Wiederauferstandener dagegen sieht aus wie ein leicht verängstigter Dieb, den man auf frischer Tat ertappt hat (was nimmt er heimlich mit in den Himmel aus dem Muttermund-Grab der Schrift, das ihn wiedergebiert?) und der schon fast wieder entschwunden ist, bevor Maria sich auch nur vollständig nach ihm umdrehen kann. Sie, der gebeugte Körper, sie, der Körper schlechthin, das Schuldhafte, Dienende, Gebeugte schlechthin, dessen Spalt zur Welt bringt, was sich anschließend das Recht herausnimmt, sie zu besitzen, darf ihn, der schon kein Körper mehr ist, nicht festhalten, damit er auch nie wieder Körper wird, sondern in aller Ruhe auffahren kann zum Vater, zum Symbolischen, zum Abschließenden, zum Behüter des Ein- und Ausgangs von nun an bis in Ewigkeit.

:::

Die Traurigkeit Europas: Es kennt keine Nachbarschaft, es kennt nur die INSTITUTION; Verschuldete sind kindische (weibische) Sündiger, die zu gierig nach dem saftigen Apfel waren, und die es daher zu bestrafen, aus dem Paradies zu vertreiben oder zu therapieren gilt. Das Beste, was Verschuldete im Spätkapitalismus erwarten können, ist, dass der Beichtvater sagt: Weib, Kind, genug jetzt, auch meine Zeit ist begrenzt.

Die Traurigkeit Nordamerikas ist die potenzierte, an ihre äußersten Grenzen getriebene Traurigkeit Europas: Kein Turm kann dem Blick, der von oben nach unten herab »das Ganze« betrifft, hoch genug sein, denn erst im Himmel kommt der Blick zu seinem »Recht«, dann, wenn er so hoch aufgefahren ist, dass der irdische Körper einen Grad an Verschuldung erreicht hat, in dem er den Mund zwischen seinen Beinen nicht mehr allein öffnen kann, in dem er nicht mehr *schreiben* kann. Dieser Blick vergisst nur, dass mit dem Mundtotmachen des irdischen Körpers auch er, der angeblich Körperlose, Ewige, *mund*tot wird, und deswegen kann er behaupten, dass die Sünde des geöffneten Mundes nur wiedergutzumachen sei, indem dieser entweder gestopft wird durch ein bedeutunggebendes Organ, das selbst (angeblich) kein Mund ist, sondern ein Stift, oder indem jedes Wort, das herauskommt, in irgendeinem Sinn Beichte oder Geständnis wird; denn nur so bleibt »das Ganze« unangetastet, nur so bleibt Wirklichkeit die gebeugte Fiktion des »Wahren«, das keine Löcher hat, keine Ein- und Ausgänge, keine unbeendbare Reihung von Doppelpunkten, keine Lust, die mehr ist als Geschichte mit genau einem Anfang und genau einem (von Anfang an feststehenden) Ende.

Hand, die nach dem Doppelpunkt greift, der verbotenen Frucht, Hand, die von der verbotenen Frucht nascht und ihrem Nachbarn anbietet, ebenfalls von ihr zu naschen, Schreibwerkzeug, das sich neigt, anlehnt, anbietet, versucht: So wird der Baum der Erkenntnis fehlbar, so zeugen Kiefer, Zähne, Zunge und Lippen vom lachenden Spiel mit der Krone der Schöpfung. Auch du, mein Freund, fällst ja nicht weit vom Stamm dieses Baumes. Dass du dir meinen Mund vorstellst als einen, der sich nicht von selbst schließen kann oder soll, als einen, der nirgends hineinbeißen soll, der von den Dingen nicht naschen soll, dass du dir meine Lippen vorstellst wie eine allzeit weit geöffnete Pforte zur Unterwelt: Irgendwo muss ja hin, was du von dir gibst, sagst du, aber nein, sage ich, nimm einen Bissen von diesem Apfel, und auch du wirst sehen: Das Köstliche ist etwas, wofür niemand bezahlt.

Die Gebeugten haben weder das erste Wort, noch das letzte, aber ihre Münder sind Nachbarinnen, ihre Münder wälzen sich nachts in den Betten und gebären die Zukunft. Jede Zukunft ist eine Umwälzung, jede Umwälzung ist ein Mund, die Zukunft gibt der Vergangenheit mehr, als diese sich jemals vorstellen kann, aber sie zahlt nie zurück, was für sie ausgegeben wurde. Den Spalt zwischen ihren Beinen haben sich die Gebeugten nicht selbst ausgedacht. Die Forderung nach einem lücken- und überschusslosen Text ist der Wille, absolut nichts mit diesem Text, mehr vielleicht noch: absolut nichts mit der Wirklichkeit, die er bezeugt, zu tun zu haben (oder: der Unwille, lesen zu lernen, wie ein aufrechter/aufrichtiger Körper atmet, wie er spricht, wie er liebt, wie er isst, wie er trinkt, wie er ausscheidet, wie er geht).

:::

»Meine Sprache hatte früher einen lila Schal, aber er ist weg.«
Ilse Aichinger

»Und niemand spielt mit ihr
Das ist der Punkt«
Elke Erb

:::

Einige Behauptungen:

Das Aufrichtige zeigt sich in seiner Lückenhaftigkeit.

An der Lücke ist nichts, was es zu beichten gäbe; weder an ihr selbst, noch an dem, womit sie wie verkehrt.

Der aufrichtige Text tut genau das, was im Auge der Geschichte das Obszöne schlechthin ist: Er zeigt Lücken und Öffnungen, er zeigt Körperflüssigkeiten, er zeigt, dass er begehrt und begehrt werden will.

Was obszön ist, liegt im Auge des Betrachters; das Auge des Betrachters kommt immer aus der Vergangenheit.

Der aufrichtige Text sagt: Rühr mich an, halt mich fest.

Der aufrichtige Text beugt nichts, konjugiert nichts, dekliniert nichts durch, schon gar nicht sich selbst.

Beugung ist eine Sache der INSTITUTION, Neigung hingegen eine Sache der Nachbarschaft.

Der aufrichtige Text bedient keine Schuld und fordert auch keine Rückzahlung seiner Ausgaben, nur um selbst mehr Bedeutung aufhäufen zu können (weder à la »Gleiches mit Gleichem«, noch verzinst).

Texte können töten, ja. Der Text ist aufgerufen, gegen das Töten aufzustehen. Er ist aufgerufen, fliegen zu gehen und wieder zu landen, wann immer er Lust hat, aber er ist nicht aufgerufen, im Angesicht eines gebeugten Körpers, dessen ausgestreckte Hand er von sich weist, in den Himmel aufzufahren und von dort Blendraketen zu schießen.

Was der Text liebt, ist nicht das Paradies (auch wenn er oft missbraucht wird zu dessen Zwecken), was der Text liebt, ist nicht die Idee der Begleichung einer Bringschuld als Erledigung zwischentextlicher Verhältnisse, was der Text liebt, ist nicht die »vollständige«, »kontinuierliche« Geschichte mit göttlichem Autor/Beuger und irdischer Beugung. Diese ist immer die Forderung eines selbsternannten Beichtvaters und immer eine Geschichte von Gläubiger und Schuldiger. Was der Text liebt, ist die Nachbarschaft. Sie ist nicht abschließbar, denn in der Idee des Abschließbaren ist Nachbarschaft undenkbar. Sie kennt auch keine Hierarchie, denn in der Idee der Hierarchie ist Nachbarschaft ebenfalls undenkbar. Hierarchie: zusammengesetzt aus Altgriechisch *hierós*, heilig, und *archḗ*, Anfang, Ursprung. Keine Hierarchie ohne Glaubenssystem. Anarchie ist nicht nur die Herrschaftslosigkeit, sondern auch die Ursprungslosigkeit. Anarchie ist der Verzicht auf Herrschaft, die sich von genau einem, was immer heißt: ideologischen Ursprung her legitimiert.

Das Paradies ist das Ende aller Träume: Aber nicht, weil sie sich dort einlösen würden, sondern weil sie daraus vertrieben werden.

Im Paradies werden alle Münder starr; im Paradies gibt es keine Nachbarschaft.

Genauer vielleicht: Das Paradies kann überall sein und nirgends; man kann jederzeit in seine Nähe geraten, aber niemals in seine Nachbarschaft. Man weiß, dass man in seiner Nähe sein muss, wenn man nur noch mit Mühe einen Fuß vor den anderen setzen kann, wenn man nur noch mit Mühe andere Münder vernehmen kann, wenn man nur noch mit Mühe die eigenen Lippen auf- und zumachen kann.

Auch dieser Text will vor allem eine gute Nachbarin sein, was zunächst heißt, dass er nicht die Reizwäsche der Geschichte trägt. Damit ist wenig gesagt, denn vielleicht versteht die Geschichte überhaupt nichts von Reizwäsche. Vielleicht trägt dieser Text Reizwäsche, die so teuer ist, dass die Geschichte sie gar nicht bezahlen kann. Tragt mehr Reizwäsche! Ich weiß nicht, was dieser Text genau trägt, aber auch wenn ich es wüsste, würde ich es nicht verraten. Sicher ist nur: Der Traum ist eine Nachbarin, von der es das lustvolle Spiel des Gebens und Nehmens, des Zeigens im Verweisen/Verschieben, des Aufdeckens im Flechten/Weben, des Schreibens im Fliegen/Stehlen, des Bezahlens mit falschen Münzen (wer sagt, was echte Münzen sind?) erst noch zu erlernen gilt.

:::

Ich weiß nicht, ob es eine Zeit gab, zu der sich Schüler und Schülerinnen verbeugen mussten, wenn der Lehrer oder die Lehrerin das Klassenzimmer betrat, wir mussten uns nicht verbeugen, uns aber gesammelt von unseren Plätzen erheben und im Chor »Grüß Gott Frau/Herr …« murmeln, morgens zur ersten Stunde wurde zudem gebetet oder gesungen, eins von beidem, die Klasse musste sich gesammelt entscheiden, Singen oder Beten, ich enthielt mich der Entscheidung grundsätzlich, aber soweit ich mich erinnere, sangen wir meistens, dabei wandte man sich dem Kruzifix zu, das über der Tür hing, beim Singen wurden die Köpfe gerade gehalten, beim Beten wurden sie geneigt, Blick nach unten oder Augen geschlossen, denn es geht nicht an, dass die Schuldige den Schuldiger anblickt, während sie um Schulderlass bittet: Würde sie den Kopf heben und ihn anblicken, wären sie ja gleichwertig, einfach nur Nachbarn, die in Kontakt miteinander treten, die einander höflich begegnen und eine gegenseitige Verbindlichkeit eingehen, und vielleicht ist also eine der Fragen, die sich aufdrängt, diese: Gibt es Verbeugung, die keine Beugung ist, oder anders, wann und warum wird eine Verbeugung zur Beugung, oder, noch anders, wann verbirgt sich in einer Verbeugung eine Beugung?

Wikipedia weiß über die Kulturgeschichte der Verbeugung erstaunlich wenig, genau genommen nichts, Wikipedia weiß nur das, was jeder weiß: Die Verbeugung ist eine Körperhaltung des Menschen, die üblicherweise Respekt ausdrückt. Zur westlichen Kulturgeschichte der Verbeugung finde ich auch nach ausführlichen Recherchen genau: nichts, außer einigen Büchern zum guten Benehmen aus der Zeit der Wende vom 19. zum 20. Jahrhundert, in denen zum Beispiel steht, dass die Verbeugung des Herrn anders aussehen müsse als die der Dame, dass die Verleugnung des Herrn nämlich auf keinen Fall kriechende Unterwürfigkeit oder sklavische Herablassung ausdrücken dürfe. Als Kind habe ich es gehasst, mich zu verbeugen, und das lag, glaube ich, nicht nur daran, dass ich körperlich ungeschickt war und sich die Bewegung für mich nicht natürlich anfühlte; Verbeugungen kamen in meinem Leben ja nur vor, wenn ich auf der Bühne stand und mein Gegenüber nicht ein Mensch war, dem es mit einer (auf Gegenseitigkeit beruhenden) Höflichkeitsgeste zu begegnen galt, sondern eine Wand bestehend aus Augenpaaren, ein anonymes Publikum, dessen Blicke sich in meinen kleinen Körper bohren konnten, wie ihm der Sinn stand, und das ich auch noch mit einer Demutsgeste in diesem seinem Recht bestätigen sollte. Mit neun beugte ich noch den ganzen Oberkörper tief nach unten:

Mit elf nur noch die Schultern und den Kopf, und möglichst ohne stehen zu bleiben, im Vorbeigehen, flüchtig, halb von der Seite:

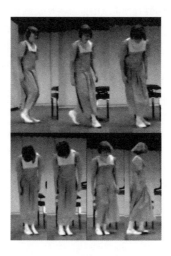

Später, mit vielleicht zwölf, verbeugte ich mich gar nicht mehr, sondern blieb einfach stehen, als wäre ich beim Militär. Am liebsten hätte ich dabei meine durchgestreckte Hand ruckartig an die Schläfe geführt wie bei einer Grußgeste an den Oberbefehlshaber, aber das traute ich mich dann doch nicht; stattdessen blieb ich stehen und starrte zurück, bestenfalls machte ich eine kurze Nickbewegung mit dem Kopf, das Publikum verzieh mir immer, wahrscheinlich, weil ich noch den Bonus des Kindes hatte, den Bonus der ungeschickten Niedlichkeit. Das Einzige, was ich in den Weiten des Internets zur (westlichen) Geschichte der Verbeugung nach einer Aufführung finde, ist, dass die Geste der höfischen Tradition entstammt: Die Aufführenden verbeugten sich am Ende vor dem Monarchen. Dieser kleine, unscheinbare Fetzen Information erscheint mir plötzlich sehr interessant, das Publikum als Monarch, als absolutes Auge, dem genügen und gefallen soll, wer immer eine Bühne betritt, wer zahlt, schafft an, sagt der Volksmund, wer zahlt, sagt an, wo und wie die Musik spielt, wer zahlt, darf eine vollständige und umgehende Begleichung seiner Ausgaben, das heißt seiner Erwartung erwarten: Das Mädchen auf der Bühne hat eine Schuld zu bedienen und ist geheißen, sich dieser Schuld zu beugen, sich dem Blick zu beugen, der für es bezahlt hat, der es in die Welt geschrieben hat.

:::

So haben wir zu lesen gelernt: Der Thomas-Jünger, der erst und nur dann glauben will, dass Jesus auferstanden ist, als dieser ihm erlaubt, selbst Hand an ihn zu legen, seine eigenen Finger in dessen Wunden zu legen. Besonders interessant an der Szene ist, dass sie den anhaltenden Schwindel dieser Geschichte, den heimlichen Austausch zwischen Auge und Hand, benennt: Dem Auge und dem, was sich in es einschreibt, ist nur zu trauen, wenn die eigene Hand in den Griff bekommt, »begreift«, was das Auge sieht. Das blickende Auge nimmt nicht Kontakt auf zur Welt, indem es betrachtet und sich schreiben lässt, sondern indem es greift und sich zu eigen macht, was es nicht selbst ist. Genau dadurch versetzt es das andere in die »Schuld«, seinem Blick, seiner

Ausgabe, seiner Fiktion genügen zu sollen, sie begleichen zu sollen. *Von allen Seiten umgibst du mich und hältst deine Hand über mir. Von allen Seiten umgibst du mich und hältst dein Auge über mir.* Aber ich sehe was, was du nicht siehst: Deinen eigenen Blick,

mein Herr,

hast du noch nie gesehen.

:::

Im Katholizismus kniet man beim Beten, manche meiner Mitschülerinnen knieten auch, um die Kommunion zu empfangen, die sie sich von Pater Ambrosius wahlweise in die Hand oder direkt auf die Zunge legen lassen konnten, etwa die Hälfte der Mädchen sperrte ob seiner Ankunft an ihrem Platz den Mund weit auf, streckte die Zunge heraus und ließ sich willig darauf legen, was er anzubieten hatte, um anschließend den Mund zu schließen und brav zu schlucken, was er anzubieten hatte, und was er im Gottesdienst anzubieten hatte, war: der zu weißem, essbarem Papier gewordene Leib des Auferstandenen, passgenau gemacht für die Münder, die gekommen waren, ihn wiederzukäuen, wieder und wieder, und mit Hilfe ihrer Ausscheidungen selbst etwas abzubekommen vom Glanz jener göttlichen Unterscheidung in Himmel und Erde, Auffahrendes und Abfallendes: Aber wer sagt eigentlich, dass der Text ein Körper ist, der gegessen und ausgeschieden werden will, wer sagt, dass der Text etwas ist, das in den Himmel fährt, während der Körper, der ihn zur Welt gebracht hat, zu einer Art unerwünschten Ausscheidung eben dieses Textes wird, wer sagt, dass der Text ein Körper ist, der von seinem Körpersein nichts wissen will, der von seiner Geburt nichts wissen will und von jenem Körper, der ihn ausgetragen hat? Es gibt ja keinen Text ohne austragenden Körper, aber der austragende Körper ist nicht unbedingt auch derjenige Körper, der den Stift in der Hand hält (vielleicht sogar notwendig nicht), der austragende Körper ist überhaupt nicht unbedingt eindeutig, er kann mit dem Stift im selben Haushalt wohnen oder am anderen Ende der Welt, er kann einer sein oder auch hunderttausende, aber dass es ihn gibt, ist so sicher wie das Amen in der Kirche. Ich war nicht katholisch, ich musste die Kommunion nicht mitmachen, durfte es nicht einmal, ich stand nicht auf, ich kniete mich nicht hin, ich sang nicht mit, ich aß kein Papier, ich tat im Gottesdienst einfach: nichts, und wenn meine Mitschülerinnen zur Beichte mussten, was mehrmals im Jahr der Fall war, dann saß ich mit einigen anderen nichtkatholischen b-Klässlerinnen (in der a-Klasse waren nur Katholikinnen) im Klassenzimmer und konnte tun, was ich wollte, was meistens wiederum war: nichts. Der Beichtstuhl ist eine Kammer so groß wie eine Telefonzelle, die Schuldige kniet, gebeugt, der vergebende Pater, den sie anruft um Schulderlass, ist für sie zu hören, aber nicht zu sehen: *Im Namen des Vaters und des Sohnes und des Heiligen Geistes, Amen. – Gott, der unser Herz erleuchtet, schenke dir wahre Erkenntnis deiner Sünden und seiner Barmherzigkeit.*

Karl Kraus schreibt: »obgleich ein Strichpunkt riefe, / dem Komma nicht zu trauen: / ein Doppelpunkt läßt schauen / in eines Abgrunds Tiefe! / Dort droht ein Ausrufzeichen / wie von dem jüngsten Tage. / Und vor ihm kniet die Frage: / Läßt es sich nicht erweichen?«

Die besonders eifrigen Katholikinnen nahmen Mittwoch morgens um halb acht am Frühgottesdienst in der Gruft teil, in der Gruft, in der die toten Nonnen lagen, leichte Vorankündigungen des Gruftgeruches schlugen einem schon entgegen, wenn man die Kellertreppe hinabstieg, die

Vorankündigungen des Gruftgeruches mischten sich mit dem Duft der Leberkassemmeln, die im Pausenverkauf angeboten wurden, unten ging es rechts zur Gruft, links zum Pausenverkauf sowie zum Schülerzeitungszimmer mit dem lila Sofa, dem Ramazotti-Vorrat und Amelie und mir mit dem Ramazotti-Vorrat zwischen Händen, Mündern und Zungen auf dem lila Sofa, zwischen Amelie, mir und dem Ramazotti auf dem lila Sofa und der Tür stand ein Computertisch auf Rollen, wie man sie in den 1980ern und 1990ern für die riesigen, schwerfälligen Desktopcomputer mit ihren noch viel riesigeren, noch viel schwerfälligeren Computer-Towern hatte, die bei jedem Rechenschritt ratterten und ächzten und stöhnten, auf dem Computertisch ein uralter ATARI ST, mit dem man eigentlich nichts anderes machen konnte als *King's Quest* zu spielen, die Schülerzeitung jedenfalls konnte man mit ihm nicht machen, er druckte nur lila Farbe auf grünlich-weiß gestreiftem Lochrandpapier, das Einzige, was er konnte, war, unter lauten Klick- und Schluckgeräuschen eine Diskette in sich aufzunehmen, die legoartige Landschaft zu öffnen, durch die das kleine King's-Quest-Männchen mit der grünen Mütze sich anschließend roboterhaft bewegte, um sehr oft vor verschlossenen Türen zu stehen, für die es den Schlüssel finden musste, oder vor Schatztruhen, oder vor anderen zu lösenden Rätseln, darunter natürlich auch das Befreien einer Prinzessin aus einem Turm, und jedenfalls weiß ich wirklich nicht, wie man im Kellergeruchsreich zwischen Gruft und Leberkas auf einer lila Schülerzeitungszimmerramazotticouch sitzend allen Ernstes Punkte hätte setzen sollen, oder Fragezeichen, oder Ausrufezeichen, irgendein Satzzeichen also, das nicht einfach nur den Mund absolut übertrieben weit aufsperrt und aus dem Keller ruft:

Freilich, immer hinein damit:

oder auch das Gegenteil:
Nein, ich werde hier ganz sicher nirgends zubeißen:

!!!

Ich weiß nicht mehr, wie genau ich aus jener Nacht er-
wachte, die mir versprach, dass ich fortan in und mit der
Stadt verkehren könne, ohne dass mir jemals wieder eine
Rechnung dafür ausgestellt würde, ohne dass ich jemals
wieder Rechenschaft darüber ablegen müsste, ohne dass jemals wieder jemand meine Ein- und Ausgänge überwachen
würde; mit Sicherheit trank ich bald nach diesem Erwachen
mehrere Tassen frischen Kaffees, mit Sicherheit aß ich dazu
keine frischen Brötchen, ansonsten weiß ich nur noch, dass
mir feierlich zumute war, und dass dieses Gefühl den ganzen Tag anhielt. In den Untiefen von Ordnern in Ordnern
in Ordnern auf meinem Desktop finde ich, abgespeichert
unter »münzapparat.docx«, folgende Notiz: »Ich sollte hinzufügen, dass in der Notiz, die ich bald darauf in der S-Bahn
sitzend zu jenem Traum in mein Handy tippte, nicht vom
Ticketapparat der Berliner Verkehrsbetriebe die Rede ist,
sondern vom Münzapparat, obwohl die ganze Zeit klar war,
es handelte sich um genau jenen Apparat, an dem man normalerweise Tickets kauft; ich sollte auch hinzufügen, dass
mir diese Tatsache überhaupt erst jetzt, wo ich die Notiz
vom Handy in den Computer übertrage, und damit beim
etwa zehnten Wiederlesen und gleichzeitigen Abschreiben
der Notiz, auffällt. Und tatsächlich scheint ja im Traum das
Auswerfen der Münzen, der alten und neuen, viel bedeut-

samer zu sein als das Auswerfen der Tickets, das der Apparat zugleich ebenfalls unternimmt; die Tickets sind die für eine legale Passage nötigen Papiere, aber die Münzen scheinen ungleich viel mehr wert zu sein, obwohl manche von ihnen alt sind und man mit ihnen gar nichts mehr kaufen kann. Dennoch ist im Traum ganz klar: Sie sind unerschöpflich, sie sind meine wirkliche Passage, meine echten Papiere.«

Wo war ich stehen geblieben?

Vielleicht bei der Frage, wie man den Anfängen etwas zurückgibt, ohne einen Kreis zu schließen.

»Ach, es gab so viele, einfach unmögliche Dinge«, schreibt Clarice Lispector. »Man konnte ganze Nachmittage darüber nachdenken. Zum Beispiel: Wer hatte wohl zum ersten Mal gesagt: niemals?«

stimmen hören

(Versuch über das Anschlagen)

Le fou est la victime de la rébellion des mots.
Edmond Jabès, *Les mots tracent*

Zu den Voraussetzungen gehören die Fragen, die der Jäger nicht hört:

Großmutter, was hast du so große Ohren?
Großmutter, was hast du so große Augen?
Großmutter, was hast du so große, haarige Hände?
Großmutter, was hast so ein großes Maul und so lange Zähne?

Zu den Voraussetzungen gehören die Fragen, die der Wolf nicht stellt:

Kind, warum soll ich dich denn nicht hören?
Kind, warum soll ich dich denn nicht sehen?
Kind, warum soll ich dich denn nicht packen?
Kind, warum soll ich dich denn nicht fressen?

Zu den Voraussetzungen gehört, dass es ein Mädchen gibt, das eine Mutter und eine Großmutter hat, zu den Voraussetzungen gehört, dass zwischen dem Haus der Mutter und dem Haus der Großmutter ein Wald liegt, zu den Voraussetzungen gehört, dass im Wald zwischen Mutterhaus und Großmutterhaus ein Wolf lebt, zu den Voraussetzungen gehört, dass die Tochter/Enkelin eine ist, die im Wald zwischen den Frauengenerationen vom Weg abkommt, weil sie Blumen für die Großmutter sammeln will, wozu ihr der Wolf rät, zu den Voraussetzungen gehört, dass der Wolf einer ist, der im Haus der Großmutter die Vorhänge zuzieht, und das Mädchen eine ist, die die Vorhänge im Haus der Großmutter aufzieht: Väter und Brüder, Söhne und Enkel kommen in diesem Märchen vom Zwischenland des Lesens und Auflesens, des Verkleidens und Fremdsprechens, des Zuziehens und Aufziehens, des Verlocktwerdens und Irregehens, nicht vor. »Das Erinnerungsvermögen ist die magische Kunst der Komposition«, schreibt die Pianistin Hélène Grimaud in ihrer Autobiographie *Wolfssonate*, und aus dem Waldboden sprießt mir die Frage entgegen: *tuning the strings* oder *striking the keys*? Weckt man schlafende Hunde, so schlagen sie an—

Doch wie stimmt, wie justiert man Fäden, wenn es auch um Tasten und Schlüssel geht, aber jedes Aufschließen nur ohrenbetäubendes Geheul zur Folge hätte, in dem jede mögliche Hörbarkeit schon vor ihrem Erklingen ertrinkt? Wenn die Frage des *strike* oder *stroke* also vielleicht gar keine des Auf- oder Einschlagens ist, keine Frage des *wer schlug zu* (dieses Buch, diesen Körper), *wen traf eines Tages der Schlag* und *wer schlägt nun auf*, sondern eine des Streichelns, *keystroke*, Streicheln des Schlags, *Anschlags*—

In der Grundschule hatte ich ein Poesiealbum mit blaumarmoriertem Einband, meine Lehrerin schrieb dort mit Füller mit breiter Feder in groß geschwungener Schrift hinein: »Die Lebensspanne ist dieselbe, ob man sie lachend oder weinend verbringt (japanische Weisheit)«, seither rätsele ich über diesen Spruch, über sein Stimmen oder Nicht-Stimmen (aber vielleicht gibt es auch noch mehr und anderes als Stimmen oder Nicht-Stimmen). Ich hatte, wie alle Menschen, zwei Großmütter, die eine kannte ich, sie hieß Hilde, saß im Frühstückszimmer hinter der Küche und malte Blumen auf Aquarellpapier, vor ihren Fenstern hingen schwere weiße Vorhänge, die mit Bändern an die Seiten gesteckt wurden, die Richtigkeit des Hängens dieser Vorhänge überprüfte in regelmäßigen Abständen jemand, dessen Beruf es war, die Richtigkeit des Hängens von Vorhängen zu überprüfen, er zuckelte sie zurecht, bis sie exakt symmetrisch wie ein in der Mitte geteilter Pony eines Mädchens links und rechts fest steckten, die andere Großmutter kannte ich kaum, ich weiß daher nicht, ob sie Vorhänge hatte, oder wie ihre Vorhänge aussahen, sie hieß Erna, ihre roten Haare waren vorne streng in der Mitte geteilt, in leichtem Schwung beidseitig nach hinten gekämmt und dort zu einer dicken Schnecke gesteckt, ich habe sie nur ein- oder zweimal gesehen, erst hörte sie Stimmen, jahrelang, jahrzehntelang, dann war ich fünf, und sie tot. Sterben Stimmen mit dem Körper, den sie bewohnen, und wenn nicht, wo und wie leben sie? Und welcher Art ist ihre Verwandtschaft mit den Bildern, dem Graviertsein der Haut—

*

Im Wohnzimmer meiner Eltern stand, seit ich neun war, ein gebrauchter, schon fast zu Tode gespielter 1,70 m-Bösendorfer-Flügel, weil meine Klavierlehrerin gesagt hatte, das Kind braucht jetzt einen Flügel, an einem Klavier kann das Kind nicht mehr gut genug arbeiten; ich mochte den Flügel aber nicht, und er mochte mich auch nicht, er hatte einen scharfen, schrillen Klang, ließ seine Tasten hängen, wie er gerade wollte, ich konnte nicht leiden, wie seine Tasten auf meinen Anschlag reagierten, er konnte nicht leiden, wie ich seine Tasten anschlug, es war in keiner einzigen denkbaren Weise eine *liaison amoureuse*, und fünfzehn Jahre später tauschte ich ihn ein gegen einen neu aufgearbeiteten

Bechstein aus dem Jahr 1891, ein Instrument, dessen Tasten leichtgängiger sind, gefälliger, anders als Steinways oder noch nicht verbrauchte Bösendorfer im Anschlag nicht besonders vielschichtig, daher als professionelles Übeinstrument vielleicht nicht zu empfehlen, aber als privates Spielinstrument umso mehr: Ich übe ja schon lange nicht mehr, um für das Beherrschen mir fremder Instrumente auf Podien gegen die Publikumsaugen gewappnet zu sein, ich übe nur noch, um mein eigenes Instrument spielen und hören zu können.

Im Anschlag ist ein Flügel viel komplexer und empfindsamer als ein Klavier, am Anschlag bin ich selbst Instrument, nicht immer habe ich gewusst, wer es spielt, nicht immer habe ich gewusst, wie man es stimmt, nicht immer habe ich gewusst, wie es zu spielen ist. Einen guten Flügel erkennt man unter anderem daran, dass es im Anschlag einen Widerstand gibt, man bemerkt ihn, wenn man eine Taste im Zeitlupentempo drückt; hat man umgekehrt die Taste schon angeschlagen, nicht im Zeitlupentempo (denn so kommt kein Ton), und ist der Ton erklungen, so bleibt der Ton liegen, wenn man die Taste ganz langsam bis zu dem Punkt des Widerstands nach oben gleiten lässt, von dort aus kann man erneut anschlagen, und so eine Bindung zwischen zweimal dem gleichen Ton erzeugen. Ein gutes Fingerspiel arbeitet ständig an und mit diesem Punkt des Widerstands, dem Punkt der Verbindung, der Assoziation.

*

Ludwig Bechstein (* 24. November 1801 in Weimar; † 14. Mai 1860 in Meiningen) war ein deutscher Schriftsteller, Bibliothekar, Archivar und Apotheker. Er ist heute vor allem durch die von ihm herausgegebene Sammlung deutscher Volksmärchen bekannt. Eines seiner bekanntesten Märchen heißt *Rotkäppchen und der böse Wolf.*

Carl Bechstein (* 1. Juni 1826 in Gotha; † 6. März 1900 in Berlin) war ein deutscher Klavierbauer, der 1853 in Berlin die Pianoforte-Fabrik C. Bechstein gründete. Carl Bechstein war einer der ersten Konzertflügelproduzenten, der mit Material arbeitete, das unter der Last des romantischen Kompositionsmaterials und unter der Kraft romantischer Klaviervirtuosen keine Ermüdungserscheinungen zeigte. Am 22. Januar 1857 spielte der Pianist Hans von Bülow auf einem von Carl Bechstein angefertigten Konzertflügel Franz Liszts Sonate in h-moll. Ein voller Erfolg: Carl Bechstein baute allein innerhalb der folgenden drei Jahre dreihundert Flügel.

Ludwig Bechstein lebte in Meiningen. In Meiningen lebte auch meine Großmutter Erna mit ihren beiden kleinen Kindern in einer kleinen Wohnung bei Verwandten, seit Wien bombardiert wurde und bei den Eltern in Nürnberg kein Platz mehr war. Der Mann war im Krieg und blieb auch später noch lange im Krieg; Erna schrieb ihm »Briefe ins Ungewisse«, die sie ihm Jahre später gesammelt zu Weihnachten schenkte, zusammen mit einem Tagebuch, das sie als siebzehnjährige Haushaltsschülerin in Berlin geschrieben hatte, betitelt »An Strählchen«. Nach dem Krieg ging in Meiningen das Gerücht, der Russe würde kommen, Erna wollte nicht sein, wo der Russe war, also machte sie sich nachts mit den Kindern im Bollerwagen auf den Weg durch den Wald. Die Tochter umklammerte ihre Geige, der Sohn war sehr klein. Im Wald war ein russischer Soldat. Die Legende sagt: Er ließ die Familie ziehen, weil er einen kleinen Sohn im selben Alter hatte.

Schon im zarten Teenager-Alter, das lässt sich ihrem Berliner Tagebuch entnehmen, scheint meiner Großmutter etwas abhanden gekommen zu sein; sie nennt es »Strählchen«, ihre

»zweite Hälfte«, eine imaginäre Freundin, Seelen- oder Geistesverwandte, die ihr (nur?) im Schreiben erreichbar zu sein scheint, mehr noch, mit der sie (nur?) im Schreiben einen ungestörten, ununterbrochenen Raum unterhalten kann.

Ilse schickte mir ein Tagebuch. Strählchen, jetzt können wir uns sogar hinter Schloss und Riegel miteinander unterhalten, denn das Buch ist zum Verschließen. Da können die anderen nicht dahinterkommen.

Da sitze ich nun im Zug. Ja, Strählchen, wirklich! Und es geht nach Berlin. Auch wirklich. Und mir gegenüber sitzt meine große Schwester Ellis mit ihrem Bräutigam. Ebenso wirklich. Und niemand zu Hause hat eine Ahnung davon, dass er dabei ist. Ist das nicht zum Schreien? (Mutter sagt: Es schickt sich nicht. Er sagt: Ihr kommt ja um, wenn man euch alleine fahren lässt!)

…

Am Nachmittag fahre ich zum ersten Mal zu Wehners. Die Kinder sind zutraulich, wir verstehen uns sehr. Und meine »Abendstullen« (wie man zu belegten Broten hier sagt) sind für sie ein Festessen. So etwas Gutes kann sich der normale Bürger nämlich heute kaum leisten. Wir haben ja Inflation. Was das ist, weiß ich nicht. Jedenfalls etwas Irrsinniges. Jeden Tag steigen die Zahlen höher und es gibt fürs Geld weniger. Mein erstes Taschengeld waren 20.000 Mark für einen Monat. Dafür kann man doch sonst beinahe ein Haus kaufen, denke ich. Mutter schickte mir 5.000 Mark, davon kaufte ich eine Mappe Schreibpapier und eine Woche später kostete das Porto für 2 Briefe schon so viel. Wir kochen immer zu zweien selbständig und müssen dann die Ergebnisse selbst aufessen. Heute sagte die Lehrerin zu mir: ›Kleines, wenn Sie immer alles allein machen, muss ich Ihnen eine andere Kochgenossin geben.‹ Meine Mitkochende ist ein Säugling, 14 Jahre alt und macht sich nichts aus dieser Wissenschaft. Warum soll ich da nicht allein loskutschieren? Ich habe doch ein Ziel.

...

Die ganze Woche ist hier in unserer Nähe auf dem Schützenplatz Volksfest. Wir sind auch mal hingelassen worden und haben uns Liliputaner angesehen. Als der kleine Kerl mit seinem alten, müden Gesicht lustige Lieder sang, hätte ich am liebsten geheult.

(Februar–Juni 1923)

»Der Strahl«, sagt das *Grammatisch-Kritische Wörterbuch der Hochdeutschen Mundart*, ist »ein sich in unmerklich schneller Geschwindigkeit in gerader Linie fortbewegendes geradliniges Ding, wo es von verschiedenen einzelnen Dingen dieser Art vorkommt. Ein Pfeil heißt in allen alten Mundarten und vielen auch nicht nahe verwandten Sprachen, ein Strahl, bey dem Notker Strala, im Angels. Strael, im Schwed. Stråle, im Ital. Strala, im Wend. Strela, im Dalmat. Striila, im Russischen Striela, daher daselbst streliti, schießen, und Streliz, ein Schütze ist.«

Das *Grimmsche Wörterbuch* führt als Bedeutungen für »Strahl« die lateinischen Wörter *telum, sagitta, pilum, fulmen* und *radius* an. *Telum* heißt so viel wie: Waffe, Geschoss, Dolch, Messer, Pfeil, Schleuder, Wurfgeschoss; *sagitta* so viel wie: Pfeil; *pilum* so viel wie: Wurfspieß; *fulmen* so viel wie: Blitz, Blitzschlag, Donnerkeil; und *radius* so viel wie: Lichtstrahl, Stab, Stecken, Stock.

-chen a) kennzeichnet in Bildungen mit Substantiven die Verkleinerungsform, b) kennzeichnet in Bildungen mit Substantiven die Koseform, c) drückt in Bildungen mit Substantiven einen positiven emotionalen Bezug aus. (*Duden*) Erna schreibt:

O du süße Nacht, morgen geht's nach Haus. Wie wohl die Kleinen aussehen mögen? Und die neu hergerichtete Wohnung? Ob die Eltern an der Bahn sind? Und ob ich endlich eine Freundin finde? Eine richtige, der man alles erzählen kann. So wie Dir, Strählchen?

Lieber Gott, schenk mir eine.

(Juni 1923)

*

Heinrich Neuhaus (* 31. März 1888 julianisch bzw. 12. April 1888 gregorianisch in Jelisawetgrad; † 10. Oktober 1964 in Moskau) war ein russisch-ukrainischer Pianist und Klavierpädagoge. Er unterrichtete am Moskauer Konservatorium und schrieb ein Buch, das 1958 auf Deutsch erschien und in der Pianistenwelt einige Berühmtheit erlangt hat: *Die Kunst des Klavierspiels.* Mit etwa siebzehn gab meine Klavierlehrerin es mir als Lektüre-Aufgabe; ich las es meist in der S-Bahn, auf dem Weg zum Unterricht.

Heinrich Neuhaus war Schüler von Leopold Godowsky, über den er in *Die Kunst des Klavierspiels* folgende Anekdote erzählt:»So passierte es, daß eine schon öffentlich auftretende Pianistin gleich in der ersten Stunde nur deswegen ›durchfiel‹, weil sie im vorletzten Takt der C-Dur-Etüde op. 10, Nr. 7 von Chopin eine überflüssige Terz mitgriff. Godowsky bat sie wiederholt, den Akkord richtig zu spielen, doch sie konnte einfach nicht verstehen, worum es ging. Erstaunt zuckte sie die Schultern und beteuerte, doch ›rein‹ zu spielen. Nach der Stunde, schon im Korridor, fragte mich Godowsky mit vernichtend-ironischem Lächeln: ›Nun, wie gefällt Ihnen die bekannte Pianistin N.?‹ (Wie zu erwarten stand, entpuppte sich Fräulein N. später als recht schwache Pianistin, aber um so stärkere Hysterikerin.)«

Fräulein N. spielte eine Terz zuviel; Fräulein N. machte Terz. Heinrich Neuhaus schreibt auch Sätze wie:

»Lügen bedeutet weniger ›die Unwahrheit sagen‹ als vielmehr *zuviel sagen*.«

»Als mir Swjatoslaw Richter die (ihm gewidmete) 9. Klaviersonate von Prokofjew zum ersten Mal vorspielte, fiel mir sofort auf, wie großartig eine sehr schwierige, lebhafte, polyphon angelegte Stelle bei ihm ›herauskam‹. Er erklärte mir dazu: *Ich habe diese Stelle ja ununterbrochen zwei Stunden lang geübt*.«

»Acht von zehn Schülern, die bei mir die Sonate d-Moll op. 31, Nr. 2 von Beethoven studierten, spielten im ersten Satz (vor der Durchführung) in der linken Hand

Ich war es manchmal dermaßen leid, immer und immer wieder über die Synkope zu sprechen, daß ich den Schülern nahelegte, sich ein für allemal zu merken, daß die Synkope – *Frau Synkope* –, wo sie auch auftritt, eine bestimmte Persönlichkeit mit einem bestimmten Ausdruck, einem bestimmten Charakter und einer bestimmten Bedeutung ist, mit Eigenschaften also, die man mit keiner anderen verwechseln kann und darf.«

Eine Synkope ist ein musikalisches Gestaltungsmittel, welches das Betonungsschema eines Taktes aufbricht, indem es eigentlich unbetonte Schläge betont und somit rhythmische Spannung erzeugt.

Die ganz besondere, unverwechselbare Frau Synkope in Beethovens Sonate, die acht von zehn Neuhaus-Schülern falsch behandelten (sodass kein richtiges Ergebnis aus ihr »herauskam«), ist eine große Terz. Ihr Aufmucken darf nicht zu leise sein, zu laut aber laut Anweisung des Meisters auch nicht: Mezzopiano ist die Lautstärke, die ihr, die im Takt immer eine nachrangige Position einnimmt (die es gleichwohl manchmal besonders zu betonen gilt), wohl ansteht.

Etwas in mir sträubt sich dagegen, das Buch nochmal von Anfang bis Ende zu lesen, ich blättere darin herum, schlage es zufällig irgendwo auf, meine Augen wandern über die Seite und bleiben hängen bei einem Halbsatz, über den ich in den folgenden Wochen und Monaten immer wieder nachdenken muss: »Noch einmal: Die Wiederholung ist die Mutter der Weisheit!« Wie oft Heinrich Neuhaus diese russische Weisheit im Verlauf des Buches wiederholt, habe ich nicht überprüft.

*

1990, Niederösterreich, Krems, Ende Juli: Hundstage, es ist sehr heiß, ich bin vor Beginn der eigentlichen Sommerferien von der Grundschule, die in Bayern Volksschule hieß oder gar noch immer heißt, befreit worden, um an einem Meisterkurs für Klavier teilnehmen zu können, was mir recht ist, da ich die Schule hasse wie die Pest. Es kommt zum Konzert, und vielleicht war es nur der pure Zufall meiner Begegnung mit diesem einen, einzigen Exemplar eines Kawai-Flügels, der mich nicht mochte, der mir fortan einen Kawai-Hass einbrachte, ich kann mich nicht erinnern, was für ein Stück ich spielte, auf jeden Fall hörte ich mittendrin auf, schlug den Deckel zu, ging von der Bühne und schimpfte vor mich hin, dass man auf so einem Instrument nun wirklich nicht spielen könne. Ich erinnere mich nicht mehr genau, was danach geschah, aber ich meine, es geschah gar nichts; ich ging einfach zurück an meinen Platz im Publikum und setzte mich hin, und das Konzert ging weiter im Takt. Jedenfalls kann ich mich nicht erinnern, dass außer mir noch ein Kind das Spielen verweigert hätte, und ich kann mich auch nicht erinnern, dass mich danach jemand geschimpft hätte, man tat, als wäre nichts gewesen, aber was hätte man auch tun sollen, sonst. Es gibt keine Beweise mehr, dass dieses Konzert je stattgefunden hat, kein Video, kein Foto, aber aus derselben Woche gibt es ein Foto mit einem vielleicht ähnlichen Gesichtsausdruck aus einem anderen Raum, von einem anderen Instrument, mit einer sehr alten, von meiner Großmutter stammenden Ausgabe Chopin-Etüden in rostrotem Einband auf dem Notenständer. Die Ausgabe habe ich noch heute, seit langem schon löst sie sich in ihre Einzelblätter auf; die Etüde, die ich damals spielte, dürfte op. 25, Nr. 9 gewesen sein, die sogenannte *Schmetterlingsetüde*. Auf dem Foto trage ich eine zentimeterkurze Frisur, die ich mir selbst mit der Nagelschere geschnitten habe, dazu eine viel zu große Brille und ein rotes T-Shirt mit zahllosen kleinen Bären darauf, ich erinnere mich an das T-Shirt und daran, wie es sich anfühlte auf der Haut, es war angenehm leicht und weich, ich trug es so oft wie möglich, dazu passend hatte ich eine kurze Hose aus dem gleichen roten Stoff, sodass das Gesamtoutfit ausgesehen haben muss wie ein Schlafanzug; die Hose war jedoch, glaube ich, rein rot, einen Bärchenaufdruck hatte sie nicht. Nach Krems fuhr ich fünf oder sechs Jahre lang jeden Sommer. Krems, das ist: große Sommerhitze, Schlafen ohne Decke, weil es auch nachts zu heiß ist. Krems, das ist: ein Bösendorfer Concert Grand 290 Imperial, auf den ich mich das ganze Jahr über freue, aber auch ein für mein neunjähriges Ich unbespielbarer Kawai. Krems, das ist: Frühstücksbrötchen mit Liptauer, nachmittags Marillenfest, und nachts Queen im CD-Player unter der Bettdecke, meine erste CD, gekauft in einem kleinen Plattenladen der Kremser Altstadt: *News of The World*, auf dem Cover ein übergroßer Roboter, aus dessen rechter Hand die Hälfte der Bandmitglieder purzelt. Meine Reihenfolge, jahrelang: *We are the champions*; *Spread your wings and fly away*; *Melancholy Blues*.

*

Ich sitze in einem stickigen Zimmer im 16. Wiener Gemeindebezirk, es ist April, die Luft ist beschwingt durch einen leichten Schokoladenduft, der von der Manner-Fabrik herüberzieht, ich ziehe die Vorhänge zu und formuliere ein Thema, das Thema lautet: Schlagen nur Medikamente an oder auch Krankheiten?

Und dann muss ich immer wieder daran denken, wie einer der Professoren am Deutschen Literaturinstitut Leipzig sagte, kursive Passagen in Texten möge er nicht, er würde sie grundsätzlich überspringen, da sie ja in der Regel nicht zur »eigentlichen« Erzählung gehörten: aber was ist die »eigentliche Erzählung«, was ist der Boden, auf dem die »eigentliche Erzählung« läuft, gibt es sie, und wenn ja, ist sie wirklich das, was erzählt werden muss, ich sage nein, jeder Text hat zuerst das Schwimmen gelernt, dann das Liegen, dann das Kriechen, und der aufrichtige Text ist einer, der sich, wenn der Boden nachgibt, weder mit Flügeln über den Boden erhebt, für die jemand anderes die Füße lassen musste, noch sich ergeben hinlegt und sagt, friss mich doch, sondern der aufrichtige Text ist einer, der sich im rechten Moment zu verbeugen versteht: Großmutter, was hast du für eine schöne, große Zunge! Und wenn du ein Wolf wärst, würdest du dann mit mir spielen? Aber ich kann nur mit dir spielen, wenn auch du in der Zeit bleibst, jenem Wald zwischen den Häusern, in dem jeder

Körper, Tier oder Mensch, das Lesen lernt. Mit welchen Körperteilen, fragst du? Mit Händen und Füßen, antworte ich: Auch dein Korb leert sich im selben Maß, in dem dein Magen sich füllt.

*

Acht Jahre später, Aufnahmeprüfung am Konservatorium: Ich bin immer schon äußerst ungern allein auf einer Bühne gesessen, um eine einstudierte Musik möglichst perfekt zu präsentieren, zu spielen, was auf dem Programm steht, die »eigentliche Erzählung«, diese Forderung, die begierig danach ist, das, was man immer schon gehört hat, wieder zu hören, immer wieder, denn was, wenn die Stimmen des Waldes mit jedem Ansetzen eines Tons oder Bogens, mit jedem Anschlagen, jedem Saitenspannen, Fädenjustieren, Zeichenketten-Akkordieren sofort zum jaulenden Höllenhund werden, was, wenn inmitten der »eigentlichen Erzählung« ein Mädchen sitzt, sich die Ohren zuhält und gegen die »eigentliche Erzählung« anbrüllt, weil, auch wenn alle anderen meinen, ihre Stimmen seien perfekt *in tune* und ergäben den schönsten, besten, wahrsten Chor der Welt, die Ohren dieses Mädchens andere Töne hören, Töne, die mit jedem Einstimmungsversuch abschmieren und zu einem schemenhaften Film aus der Vergangenheit werden, der sich über jeden Buchstaben der »eigentlichen Erzählung« legt? Wer hat Angst vorm bösen Wolf? – *Aber wer oder was ist denn überhaupt der Wolf?* Ich war gut vorbereitet, aber bei der Aufnahmeprüfung schlug die Nervosität zu, ich war unsicher und unsouverän, die Jury ließ mich kein einziges Stück zu Ende spielen, sondern unterbrach mich jeweils nach spätestens einem Drittel, was mich noch unsicherer machte, ich war überzeugt, nicht bestanden zu haben, und verließ geknickt den Saal. Einige Wochen später dann

Klassenfahrt nach Berlin, Baustellen über Baustellen, Staub über Staub, Babelsberg, Potsdamer Schloss, Berliner Dom, Checkpoint Charlie, Gropiusbau: Ich lief in blauen Sandalen herum und wenn ich mir abends die Füße wusch, war das Wasser fast schwarz. Die Stadt fand ich schrecklich, aber eines Morgens zum Frühstück brachte mir jemand ein Fax, »Wir freuen uns, Ihnen mitzuteilen, dass …« und so weiter. Ab Herbst also dann Studium, das hieß auch: regelmäßig Konzerte, eine sogenannte Mittagsmusik stand an, ein Studentenkonzert zwischen 13 und 14 Uhr, Bach, erste Partita, ich saß da und hatte kaum angefangen, da begann ich auch schon zu stottern, ich stotterte und stotterte und stotterte, ich wiederholte nahezu in Endlosschleife den ersten Teil, weil ich nicht weiterwusste, meine Finger kamen über die Anschlussstellen nicht hinaus, über die Punkte der Assoziation, der Verbindung, des Widerstands, die Punkte, an denen es anders weitergeht als an ähnlichen Stellen vorher. »Unter der Mittagssonne schienen die Dinge verrückt geworden zu sein«, schreibt Clarice Lispector, ich wiederholte und wiederholte und wiederholte, übersprang einiges, ließ anderes aus, wiederholte nochmal, und nochmal, bis ich irgendwie dann doch plötzlich auf einem Akkord landete, auf dem ich enden konnte, und später, hinter der Bühne, sagte meine Lehrerin entschuldigend zu einer Kollegin: »Ja, ihre Großmutter ist auch gerade gestorben…« – Und es stimmte, meine Großmutter war gerade gestorben, aber nicht die, um die es hier in diesem Text »eigentlich« geht oder gehen soll – sondern die andere, die mit dem großen Haus und den gerichteten Vorhängen, die mit den vielen holzgeschnitzten Spazierstöcken und befederten Damenhüten in der Garderobe und den zahllosen Gläsern an Eingemachtem im Keller, die, in deren Nachkommenschaft ständig gesungen wurde, in den 1950er und 60er Jahren im Knabenchor, später bei

Familienfesten oder wenn Gäste da waren: Madrigale, Motetten, manchmal auch »lustig« umgedichtete Lieder, und ich lief immer in die Küche und hielt mir die Ohren zu. Frage ich nach Erinnerungen, so kommen auf beiden Seiten meiner Herkunft immer die gleichen, eingeübten Geschichten, aber nicht, weil jemand absichtlich etwas verschweigen würde, in dieser Generation jedenfalls nicht mehr, sondern weil es die Art und Weise zu sein scheint, wie sich die Nachkriegs-BRD (und vielleicht auch zuvor schon die deutsche Geschichte) im Erinnern geübt hat, Erinnerung als Vergessen, Erinnerung als Einschließen oder Einmauern von Stillgestelltem, sprachlos Gewordenem; über meine schizophreniekranke Großmutter weiß ich kaum mehr, als dass sie »eben verrückt« war, weggetreten »in ihre eigene Welt«. Über Worthülsen hinaus scheint über sie nichts mitteilbar zu sein, verloren ihr Körper, verloren ihre Sprache, verloren jede lebendige Erinnerung, jede Verbindung, jede Assoziation. Neuhaus schreibt: »Der Ton muß in die Stille eingehüllt sein, er muß in der Stille ruhen wie ein kostbarer Stein in einem samtenen Bett.«

Queen singen:
»Spread your wings and fly away / Fly away far away / Spread your little wings and fly away / Fly away far away.«

Clarice Lispector schreibt:
»Sie wollte das Meer und fühlte die Bettücher. Der Tag schritt voran und ließ sie allein zurück.«

*

Ich sitze im Café Bibliotic Hello! in Kyoto und esse den besten Vanira Cheesecake aller Zeiten, ich steche mit meiner kleinen Gabel in die karamellisierte Banane, die kunstvoll über dem Kuchen drapiert ist, es macht ein leises Knack-Geräusch, ich frage mich: Wann ist meiner Großmutter ihre »zweite Hälfte« abhanden gekommen, für die sie schon als Teenager einen Namen hatte, wann haben die Stimmen angefangen, sie zu bevölkern, woher kamen sie, wann hat Strählchen sie verlassen und warum, wann habe ich angefangen, die Stimmen meiner Großmutter zu hören, wann haben sie angefangen, mich zu bevölkern, und warum dachte ich als Teenager, es handelte sich um eine Wahl: Erna oder ich, Vergangenheit oder Zukunft, Trauma oder Traum, und warum damals immer diese Frage: Gibt es mich überhaupt, und wenn ja, in welchem früheren Leben habe ich Füße und Flügel verloren?

*

Aristoteles berichtet von einer Liste von zehn Prinzipien, die einige Pythagoreer angefertigt hätten, sie enthält in ihrer Mitte eine Spalte und liest sich wie folgt:

Grenze	Unbegrenztes
Ungerades	Gerades
Eines	Vielheit
Rechtes	Linkes
Männliches	Weibliches
Ruhendes	Bewegtes
Gerades	Krummes
Licht	Finsternis
Gutes	Böses
gleichseitiges Viereck	ungleichseitiges Viereck

Man sagt sprichwörtlich: Jemand gerät auf die schiefe Bahn, man sagt auch: Jemand nimmt jemandem etwas krumm, man sagt auch: Jemand macht krumme Geschäfte, man sagt auch: Jemand ist linkisch. Das Gerade und Ruhende ist gut, das Krumme und Bewegte ist schlecht. Der zweite Punkt in der Liste dürfte sich auf Zahlen beziehen, ungerade Zahlen sind männlich, gerade Zahlen weiblich: Das Weibliche ist teilbar und zerteilbar, daher direkt davor der Punkt »Unbegrenztes«, daher direkt danach der Punkt »Vielheit«; das Männliche hingegen ist nicht teilbar, denn es ist »Eines«. Abgesehen von Zahlen ist »das Weibliche« aber nicht das Gerade, sondern das Krumme und das Bewegte, das also, was nicht bleiben kann, was es ist, das, was das Haus dieser Geschichte nicht in aller Ruhe und Geradlinigkeit bewohnen kann: Es wird getauscht und geteilt bis zur Unkenntlichkeit, es *wird bewegt* (daher: Bewegtes), damit es sich nicht selbst bewegt, denn würde es sich selbst bewegen, stünde es ja nicht mehr als Transportmittel oder Medium zu Diensten, und das »Ruhende« käme nirgends mehr hin.

In Philosophieseminaren in Heidelberg war die erste Reihe grundsätzlich von auserwählten Jünglingen mit blassen Gesichtern in schwarzen Anzügen mit tiefen Hosentaschen mit schweren Schlüsselbünden darin besetzt, von Jünglingen, die immer sprechen durften und von diesem ihrem Recht ausführlich Gebrauch machten, Frauen im Seminar gab es nur wenige, Namen hatten wir nicht, wir saßen weit hinten und meldeten uns nur selten zu Wort, wenn doch, so wurden wir ohnehin nicht aufgerufen, wenn doch, so wurde ohnehin übergangen, was wir sagten, wenn nicht, so blieb, was wir sagten, im Raum stehen wie ein mit Helium gefüllter Ballon, der nach oben steigt und dann unter der Decke hängen bleibt, bis ihm die Luft ausgeht und seine unberührte, schrumpelig gewordene Haut zurück auf den Boden fällt, Referate durften wir halten, Namen hatten wir dann aber immer noch nicht, wir waren schlicht *die Referentin*, die Referentin wurde immer ausführlich und gebührend gelobt, was aber wahrscheinlich nur daran lag, dass man wenig bis nichts von ihr erwartete und überrascht war, dass sie überhaupt gerade Sätze und Gedanken formulieren konnte. Was ist ein gerader Satz, ein gerader Gedanke? Welche Fortbewegungsmittel darf er benutzen, welche Stimmhöhe muss er haben, welche Waffen soll er spannen, um als Mitglied der Gemeinschaft erachtet zu werden?

Die Waffe, »der Strahl, ein sich in unmerklich schneller Geschwindigkeit in gerader Linie fortbewegendes geradliniges Ding«, das nicht nur einen Zielort hat, ein »eindeutiges Thema« oder eine »eigentliche Erzählung«, sondern diesen auch niemals verfehlt: Lange Zeit hatte ich die merkwürdige Idee, dass ich, wenn ich eine Langstreckenflugreise antrat, nur ankommen könne, wenn es einen Stopover gäbe, dass ich mich also dem Ort, den meine Reise ins Auge gefasst hatte, nur nähern könne, wenn es auf dem Weg dorthin irgendeine Art von Umweg, Unterbrechung oder Pause gäbe: So wäre der Ort nicht direkt meinem Blick ausgesetzt, aber mein Flug dorthin auch nicht direkt dem Blick des Ortes; der direkte Blick des Ortes auf meine Anreise ohne Zwischenhalt dagegen würde das Flugzeug mit großer, sogar an Sicherheit grenzender Wahrscheinlichkeit zum Absturz bringen.

Teju Cole schreibt:
»Death is a perfection of the eye.«

Charles Simic schreibt:
»To hell with her eyes.
Let me tell you about her mouth.
Her mouth's the red cottage
Where the wolf ate Grandma.«

*

Ich bin im Gebäude des philosophischen Seminars in Heidelberg mit seinen jahrhundertealten Mauern, meine Haut ist taub, meine Zunge gelähmt, in meinem Kopf blinkt es und hämmert es, ich sitze in der Orange-Bar mit einem Hegel-Jünger, alle Dozenten sind hier Hegel-Jünger, dazu mit drei Kommiliton*innen, und der Hegel-Jünger, der Dozent, der mich ausschließlich vom Sehen kennt, aber weiß, dass ich früher Klavier studiert habe – er selbst ist ausgebildeter Organist –, beginnt aus heiterem Himmel, mich zu attackieren: Ich sei ja absolut gar nichts, ich könne ja absolut gar nichts, ich könne ja überhaupt nichts denken, am Klavier könne ich ja sicher keine einzige Phrase richtig spielen… die anwesende Kommilitonin, die selbst ständig kurz davor ist, von den Rändern des Sagbaren zu kippen, sagt, doch doch, Klavier spielen kann sie wirklich, die anderen sitzen schweigend dabei und nippen an ihrem Drink, niemand schreitet ein, niemand springt mir zur Seite, es fühlt sich an wie Vernichtung und Vertreibung gleichzeitig, nach ein oder zwei Stunden schaffe ich es, zu sagen, ich gehe jetzt, der Hegel-Jünger schießt hinterher, ja gehen Sie doch endlich, gehen Sie doch endlich, wir sind so froh, wenn Sie endlich gehen, gehen Sie endlich! Ich schaffe es wenige hundert Meter weit bis zum Uni-Platz, der seinerseits wenige Meter vom philosophischen Seminar entfernt ist, setze mich auf den Boden und lehne mich an die Mauer des Gebäudes, in dem die Aula ist, ich schluchze, was das Zeug hält, ich sitze da lang, und als ich endlich nach Hause gehe und mich ins Bett lege, liege ich wach bis zum Morgen. Am nächsten Tag fragt der Hegel-Jünger die Kommilitonin – das erzählte sie mir später –, ob er sich jetzt bei mir entschuldigen müsse; ich weiß nicht, was sie ihm geantwortet hat. Eine Entschuldigung gab es nie, ich ging dem Hegel-Jünger fortan so weit wie möglich aus dem Weg, aber den Hegel-Jüngern insgesamt konnte ich nicht aus dem Weg gehen, es gab sonst nichts, man lebte vom Genuss der Vernichtung, insbesondere der Vernichtung von Frauen, der Vernichtung ihrer Stimmen *und ihrer Zungen. Ich halte durch und durch und durch, bis ich mich dann doch irgendwann hinlege und nicht mehr aufstehen kann, ich hatte so unbedingt Philosophie studieren wollen, aber wie studiert man, wenn einem im und durch das Studium beständig der Kopf zertrümmert wird, wie studiert man, wenn sich unter der »Wahrheit«, die gelehrt wird, in Wirklichkeit immer auch Zugehörigkeitsfragen verbergen, wie studiert man, wenn man auf Teufel komm raus nicht dazugehören soll, und wann und wie beginnt man überhaupt, all das zu verstehen, es dauert viele Jahre, bis ich wieder aufstehen kann, bis ich verstehe: Was ich wirklich studieren will, ist das Stottern und Verrücktwerden im eingemauerten Erinnerten der »eigentlichen Erzählung«, das Stottern und Wiederholen der Buchstaben, die im Bauch dieser Geschichte eingeschlossen sind, die nach Austragung und Geburt drängen, ohne dass es so etwas gäbe wie eine simple »Befreiung«, was ich wirklich studieren will, ist das Wissen der Körper, denen die Buchstaben eingebrannt werden, während man sie behandelt wie geschminkte Leichen, sobald sie etwas sagen wollen, man brennt ihnen nicht nur die Buchstaben ein, sondern man verbrennt sie dabei auch, der weibliche Körper als erstes Medium der Menschheit, der weibliche Körper als Medium überhaupt, ich bin nicht im Gebäude des philosophischen Seminars in Heidelberg, ich bin dort seit elf Jahren nicht mehr gewesen, ich werde dort nie wieder sein, ich sitze an meinem Berliner Schreibtisch, ich formuliere ein Thema, das Thema lautet: Was findet sich in Rotkäppchens Korb, nachdem es dem Jäger seine Waffe entwendet hat?*

*

Wenige Meter vom Heidelberger philosophischen Seminar entfernt steht der Hexenturm, der seinen Namen zwar wohl erst nach der Zeit der Hexenverfolgung erhielt, gleichwohl aber auch heute noch so heißt; in Heidelberg fanden die im deutschen Sprachraum frühesten Massenhexenverbrennungen statt, und Angehörige der Heidelberger Universität, man darf vermuten, dass darunter viele Theologen aka Philosophen waren, spielten Lektoren für Heinrich Kramers *Malleus Maleficarum* oder *Hexenhammer*, Legitimationsschrift für die Hexenverfolgung, deren ursprünglicher Titel lautete: *Tractat wider die Zauberern*. Die Hexe ist, wörtlich, ein Wesen, das sich auf Zäunen oder Hecken zwischen Gehöften aufhält, ein Wesen also, das das als unbewohnbar deklarierte Grenzgebiet zwischen dem Besitz des einen und dem Besitz des anderen bewohnt und sich keiner Seite eindeutig zuordnen lässt; sie bedroht und »verzaubert« Grenzen und Besitzverhältnisse, Sprechweisen und Geschichtsordnungen, ihr »Ziel« ist, dass es gar keinen eindeutigen Besitz des einen und des anderen mehr gibt, ihr »Ziel« ist, dass die Hecke größer wird, und größer, und größer, sie dehnt sich aus, wird zum Wald zwischen Häusern, zum Wald vielleicht sogar zwischen Ländern, zum Wald jedenfalls, durch den man laufen und in dem man sammeln gehen kann, zum Wald aber auch, in dem man verführt, geraubt oder gefressen werden kann, von Hexen selbst, nicht selten aber auch von ihren Gesinnungsgenossen, den Wölfen: Zauberer, schreibt Heinrich Kramer, werden »öfter durch das Werk der Dämonen in Wölfe oder andere wilde Tiere verwandelt«. Zur »Nebenfrage von den Wölfen, die bisweilen [erwachsene] Menschen und [auch] Kinder aus den Wiegen rauben und fressen, und die mit großer Schläue umherstreunen, so daß man sie durch keine Kunst oder Macht verletzen oder fangen kann«, stellt er fest: »Man muß sagen, daß das bisweilen eine natürliche Ursache hat, bisweilen geschieht [es] aber durch Blendwerk, bisweilen durch Hexen.« Hexen reiten auf Wölfen, bisweilen auch rückwärts; wenn sie wollen, können sie sich, zum Beispiel um Schafe zu reißen, Kinder zu stehlen oder Enkelinnen zu fressen, auch jederzeit in einen Wolf verwandeln.

*

Als Kind durfte ich oft mit in die Konzerte des Orchesters, in dem mein Vater spielte, ich durfte hinter der Bühne zwischen den Musikerinnen und Musikern herumlaufen, die sich warm spielten oder ihre Instrumente schon einmal vorstimmten, die Atmosphäre hatte für mich immer etwas Besonderes, und das nicht nur, weil ich mich wie eine Eingeweihte fühlte; es fällt mir schwer, zu sagen, ob ich die Minuten hinter der Bühne aufregender fand oder die Minuten, wenn ich schon selbst im Publikum saß, die Musikerinnen und Musiker Platz nahmen und wild durcheinander ihre Instrumente stimmten, bevor alles still wurde und unter Applaus der Dirigent die Bühne betrat: Ich mochte einfach diese Minuten des Stimmens, gleich ob hinter oder auf der Bühne, die Minuten der Einstimmung, Sortierung und Konzentration auf das, was später kam, in diesen Minuten liegt für mich noch heute die weit größere Faszination als in den Minuten und Stunden der Wiedergabe einstudierter Werke, aber eine Faszination, die merkwürdigerweise immer damit rechnet – und vielleicht liegt genau *darin* die Faszination –, dass das Durcheinander des Stimmens, das Durcheinander der Stimmen sich verselbständigt und nicht mehr aufhören kann, dass der Dirigent die Bühne betritt, den Dirigierstab erhebt, aber niemand seinem In-die-Luft-Zeichnen folgt, dass das Orchester wie ein fünfzigköpfiger Kerberos vor dem Eingang zur Unterwelt sitzt und so ohrenbetäubend vielstimmig durcheinander heult, dass kein Dirigent der Welt mehr Orpheus spielen und retten kann, was an die Unterwelt verloren ist. *Dirigere,* lat.: bestimmen, beurteilen, hinlenken, schießen, senden, zielen, werfen, gerade machen, gerade richten. Heinrich Neuhaus schreibt: »Ich erinnere an meinen ständigen Rat: *so gerade wie möglich* Kurs auf das Ziel zu nehmen, so wie der ›Rasende Pfeil‹ von Moskau Richtung Leningrad braust, oder noch besser: wie ein Flugzeug nach dem Kompaß den Zielhafen ansteuert.«

*

Mitte der 1980er Jahre, ich bin ziemlich klein und liege im Bett zwischen meinen Eltern oft nachts wach, den langsamen Atem meines Vaters verfolgend: Er macht sehr lange Pausen zwischen seinen Atemzügen, und jeden Moment rechne ich damit, dass es ihm den Atem verschlägt, dass er einfach vergisst, weiterzuatmen, also muss ich wach liegen und aufpassen, dass die Traurigkeit, die aus allen Poren seiner Haut kriecht, die verlorenen Stimmen, die in den Pausen zwischen seinen Atemzügen den Raum zu bevölkern beginnen, nicht überhand nehmen, dass sie einen Körper bekommen, der sie ihm abnimmt, einen Körper, der sie hören und aufnehmen kann, damit sie ihm nicht die Lungen zerdrücken. Ich kann mich nicht erinnern, wie und warum genau ich Klavierunterricht bekam, denn ich weiß noch, dass meine Faszination eigentlich ganz klar den Saiteninstrumenten galt, mit drei oder vier nahm mein Vater mich immer auf den Schoß, er hielt die Geige mit der linken Hand, ich durfte den Bogen führen, seine Hand über meiner, wir strichen über die Saiten, »Alle meine Entchen schwimmen übern See, schwimmen übern See, Köpfchen in das Wasser, Schwänzchen in die Höh.« Ich hasse es, beim Schwimmen den Kopf unter Wasser zu tauchen, mein Körper kann sein Atmen nicht koordinieren, wenn mein Kopf auch nur phasenweise unter Wasser ist, und meine erste Klavierlehrerin erzählte meinen Eltern nach einer der ersten Stunden, die ich bei ihr erhielt, ganz entsetzt: Das Kind ist so musikalisch, aber als es »Alle meine Entchen« singen sollte, hat es einfach alles auf *demselben* Ton gesungen!

*

Als er noch sehr klein war, wurde mein Vater für einige Monate in ein Kinderheim gesteckt; als er in der Grundschule war, fuhr meine Großmutter immer wieder für einige Tage davon, ohne jemandem Bescheid zu sagen; mit vierzehn musste er sie schließlich mit einer akuten Psychose in die Psychiatrie einliefern. Wenn ich versuche, mir meinen Vater atmend und in Sicherheit vorzustellen, atmend und in Sicherheit und *in der Welt*, denke ich automatisch daran, wie er die Geige in der Hand hält, den Kopf leicht schief auf ihren Korpus legt, die Augen schließt, wie sich seine Nasenflügel heben und senken und er den Bogen anhebt, um die Saiten zu streichen: Mit der Geige in der Hand kann er das Atmen nicht vergessen, mit der Geige in der Hand muss niemand aufpassen, dass er die Pausen zwischen den Atemzügen nicht zu groß werden lässt. Heinrich Neuhaus schreibt: »Jede Unterbrechung, jede Pause (!) muß man hören, sie sind ebenfalls Musik! Das ›Musikhören‹ darf nicht für eine Sekunde abreißen! Dann ist der Vortrag überzeugend und richtig. Nützlich ist es auch, diese Unterbrechungen in Gedanken durchzudirigieren.« Aber wo beginnt eine Pause, und wo hört sie auf? Wann hört ein Ton *wirklich* auf, zu klingen? Wie viel Pause braucht er, um überhaupt klingen zu können? Und könnte es nicht auch Pausen geben, deren Musik man erst hören kann, wenn man *aufhört* zu dirigieren? Und warum versammeln manche Körper auf sich die Stimmen

eines ganzen Orchesters, warum versammeln manche Körper auf sich die Stimmen eines Orchesters, das aus der Phase
des Stimmens nicht herauskommt, die Spieler*innen stimmen und stimmen und stimmen und stimmen, aber die
Instrumente gehorchen nicht, der hörende Körper, der das
Publikum ist, erwartet sekündlich das Verstummen des
Stimmens, Spannung im Raum, und dann das Eintreten des
Dirigenten, Applaus, der Dirigent auf seinem Podium, eine
galante Verbeugung, dann endlich: Das Stück, gut eingeübt,
mit Anfang und Ende, bewegt sich »so gerade wie möglich«
auf sein Ziel zu, Verbeugung, Applaus, manchmal Standing
Ovations, und ein jeder, eine jede geht nach Haus.

*

Eins meiner Lieblingsstücke war zwischen, ich weiß nicht
mehr, vielleicht fünf und zehn Prokofiews *Peter und der Wolf,*
mein Bruder und ich hörten es wieder und wieder und wieder und wieder, wir legten die Platte in den Plattenspieler,
drehten die Lautstärke auf, und mein Bruder, drei oder vier
Jahre alt, kauerte sich seitlich vor einen der Lautsprecher,
der in etwa so groß gewesen sein dürfte wie er selbst, und
legte das Ohr direkt an den Bespannstoff, während ich mir
auf dem Sofa mit Polstern und Tüchern eine Höhle baute
und mich darin versteckte. »Da tritt der Großvater aus dem
Haus. Er ärgert sich, dass Peter auf die Wiese gelaufen ist
und die Gartentür offen gelassen hat. ›Das ist gefährlich!
Wenn nun der Wolf aus dem Wald kommt, was dann?‹ Peter
macht sich wenig aus den Worten des Großvaters und erklärt, dass Jungen wie er keine Angst vor Wölfen haben.
Doch der Großvater nimmt Peter bei der Hand, sperrt das
Gartentor zu und geht mit Peter ins Haus. Und wirklich,
kaum ist Peter fortgegangen, da kommt aus dem Wald der

große graue Wolf. … Die Ente fängt an zu schnattern und in ihrer Aufregung springt sie aus dem Wasser. *Musik* Aber wie schnell sie auch läuft, der Wolf ist schneller. *Musik* Schon kommt er näher – *Musik* und näher – *Musik* holt sie ein – *Musik* packt sie und schlingt sie hinunter.« Und Peter, der kleine Held, macht aus einem Seil eine Schlinge und fängt damit den Wolf: Als die Jäger aus dem Wald kommen, gibt es für sie nichts mehr zu tun. Peter schlägt vor, den Wolf in den Zoo zu bringen, und so geschieht es denn auch. »Und wer ganz genau hinhört, der kann noch die Ente im Bauch des Wolfs schnattern hören, denn der Wolf hat sie in seiner Gier lebendig verschlungen.«

Eine Ente ist eine durch ein Medium, insbesondere eine Zeitung, verbreitete Falschmeldung. Eine Ente kann sowohl eine absichtliche Falschmeldung sein, d.h. ein Lügenmärchen, als auch eine irrtümlich verbreitete Falschmeldung. In jedem Fall verbreitet sie unnützen Lärm.

Der Wolf schleicht durch Volksmärchen als ein Tier, das Körper verschluckt oder verschlucken will, die als Medium dienen und, sobald sie den Mund oder Schnabel aufmachen, »lügen«, »zuviel sagen«, »sich endlos wiederholen, ohne dass ein richtiges Ergebnis aus ihnen herauskommt«, »schnattern«, »vom Weg abkommen«, »auf die schiefe oder krumme Bahn geraten«.

*

Zweiter Stock, ein enger, dunkler Gang mit penibel gebohrtem grauem Linoleumboden, es riecht nach Essigessenz, ein Schild, darauf »6b« mit weißen Stecklettern in grauen Hintergrund gepinnt, ein kleines, enges Klassenzimmer für etwa zwanzig Schülerinnen, Fensterblick auf einen quadratisch angelegten Hof mit einer quadratischen Rasenfläche in der Mitte und einem Goldfischteich in der von hier aus gesehen linken Ecke des Hofes, Klassenarbeit in Mathematik, die Aufgabe lautet: *Zeichne eine Parallele zur gegebenen Geraden*, und vor mir verschwimmt alles, ich verstehe die Aufgabe nicht, ich sitze fünfundvierzig Minuten lang vor dieser einen Aufgabe und schreibe nichts hin, zeichne nichts hin, ich verstehe nicht, was verlangt wird, und gebe am Ende ein leeres Blatt ab, das passiert von nun an noch oft, es sind die 1990er Jahre, es ist Bayern, es ist eine Klosterschule, Psychologen gibt es hier nicht, es gibt nur Lehrer, die nasse Schwämme durchs Klassenzimmer schleudern, die mich nach dem Unterricht zu sich zitieren, die sagen, *du lernst einfach falsch*, oder sagen, *wahrscheinlich ist es für dich zu einfach*, oder sagen, *wahrscheinlich ist es für dich zu schwer,* oder sagen, *schau mich an, ich bin nicht deine Mutter*, und ich kann immer weniger hinschreiben, verstehe die Aufgaben immer weniger, *Zeichne eine Parallele zur gegebenen Geraden*, was ist eine gegebene Gerade, was ist eine Parallele, wie zeichnet man das eine oder das andere, wie zeichnet man so gerade wie möglich, wie verschwindet man am besten im Gegebenen, wie nah an der Geraden soll eine Parallele liegen, wie hält man überhaupt einen Stift, wie schreibt oder zeichnet man überhaupt irgendetwas aufs Papier, wie macht man das, wie geht das, und verschwindet man nicht am besten, indem man einfach nichts hinschreibt, nichts hinzeichnet, ein leeres Blatt abgeben, ein unbeschriebenes Blatt abgeben, etwas abgeben bedeutet auch: »etwas ausmachen«, »existieren als etwas«, ich galt als Schulverweigererin, Schulversagerin, Underperformerin, aber war ich nicht eher im Gegenteil eine Übererfüllerin, nahm ich nicht einfach nur die Forderung, die man an Mädchen stellt, nämlich *ein unbeschriebenes Blatt abzugeben*, gleich, wie übervoll der Kopf ist, gleich, wie übervoll die Wahrnehmung ist, gleich, wie überstark der Wunsch nach Lernen und nach Ausdruck ist, ernst, indem ich sie *wörtlich* nahm?

*

Ich sitze in einer winzigen Wohnung mitten in Manhattan, meine Finger liegen auf den Laptoptasten, aber meine Fingerkuppen spüren nichts, ich kann nichts schreiben, draußen wütet ein Schneesturm, daran liegt es nicht, ich sitze in einem winzigen Zimmer in einem Studentenwohnheim in Prag, irgendwo oberhalb des Hradschin, aber dort kann ich auch nichts schreiben, im Zimmer hat es über vierzig Grad, das Essen in der Mensa besteht zu gefühlten siebzig Prozent aus Butter, vielleicht die Kompensation eines jahrzehntelangen Entbehrens, daran liegt es auch nicht, ich sitze in einem Café in Istanbul und nippe an einem Glas Tee, die Luftfeuchtigkeit treibt mir den Schweiß aus allen Poren meiner Haut, ich will nichts schreiben, ich will Sebald lesen, ich sitze in einer Erdgeschosswohnung in Kreuzberg und gebe Klavierunterricht, ich sitze in einer Dachgeschosswohnung in Friedrichshain und gebe Klavierunterricht, die Fingerkuppen, sage ich, spürst du deine Fingerkuppen, spürst du deine Fingerkuppen, spürst du deine Fingerkuppen, mach die Augen zu, lege Daumen und Zeigefinger aufeinander und dann lass die beiden Finger einander streicheln, der Winkel, in dem dein Zeigefinger den Daumen streichelt, ist der Winkel, mit dem du am meisten spürst, am meisten Halt hast auf der Taste, die Fläche, mit der dein Finger die Taste berührt, darf nicht zu klein sein, zu groß aber auch nicht, stell dir vor, deine Fingerkuppen wären Füße, mit denen du über die Tasten spazierst wie eine Katze, stell dir vor, die Tasten wären ein Teil deines Körpers, eine Verlängerung deiner Finger, stell dir vor, die Tatzen wären deine Füße, mit denen du Töne berührst, ein Klavier hat achtundachtzig Tasten, aber achtundachtzig Millionen Töne, ungelogen, achtundachtzig

Millionen, so viele, und alle kannst du mit deinen Fingerkuppen wecken und berühren, stell dir das mal vor, ich sitze an einem kleinen Schreibtisch im Nirgendwo des südwestlichen Teils von Finnland, es ist Februar, es ist kalt, aber das Licht, das Licht, das Licht: Die Sonne steht den ganzen Tag über sehr tief, die langen Schatten der Bäume legen sich hingebungsvoll in die Landschaft und schmiegen sich an ihre Oberflächen, die dadurch so plastisch werden, dass man selbst über große Entfernungen hinweg kleinste Unebenheiten, Maserungen und Rundungen erkennen kann, ich denke: Schritt für Schritt bin ich bis ans Ende Europas gegangen, Schritt für Schritt habe ich seinen Boden gespürt, ihren, besser gesagt, ihren Boden, denn Europa ist ja eine Jungfrau, die auf dem Rücken eines Stiers über ein ganzes Meer hinweg entführt wurde und später die zweifelhafte Ehre erfuhr, zu einem Kontinent gemacht zu werden, der bis heute die Kinder jenes Gottes austrägt, der sich als Stier verkleidet hatte, »Kontinent«, »continere«, das heißt: zusammenhalten, verbinden, erhalten, einschließen, begrenzen, umzingeln, mäßigen, zurückhalten, bei sich behalten. Ein Text, der den Sinn des Teilens verleugnet, wird nie ein guter Nachbar sein; ein Text, der glaubt, der Sinn des Teilens liege darin, eine fremde Sprache durch Raub zu zerstückeln und anschließend sanft zu betten, um sie in Ruhe medikalisieren, das heißt: beschlafen, das heißt: begrenzen, umzingeln, zusammenhalten, mäßigen zu können, der glaubt auch, der Ton sei ein Stein, den man nur in eine samtene Schatulle legen und mit Stille umhüllen muss, und schon werden die um ihn herum versammelten Buchstaben zur »eigentlichen Erzählung«, das heißt: zu einem Kontinent, an dessen Rändern es Soldaten aufzustellen gilt. Neuhaus schreibt: »Unabdingbare Voraussetzung für gute Tonbildung ist völlige Freiheit der Hand und des Armes von der Schulter bis in die Fingerspitzen, die immer in Bereitstellung sein müssen wie Soldaten an der Front.«

*

Wölfe und Hunde kommen weltweit in vielen Schöpfungsmythen vor, und sehr oft werden ihnen entscheidende, un-
heimliche Mächte zugeschrieben, Mächte, die dem Welt-
erhalt dienen oder dem Weltuntergang, oder auch beides;
immer jagen sie etwas, immer drohen sie, etwas zu verschlucken, manchmal verschlucken sie wirklich etwas, und
was sie wirklich verschlucken, sind meistens: Frauenkörper.
Kerberos, der das Zwischenreich zwischen Leben und Tod,
Hell und Dunkel, Tag und Nacht, Licht und Schatten über-
wacht, Kerberos, der Eurydike »gefressen« hat und jetzt
nicht mehr willens ist, sie herzugeben, Kerberos bewacht
den kaum überwindbaren Spalt zwischen Orpheus, dem
überirdischen, lichtverbundenen Sänger, und der im Unterirdischen, Finsteren wohnenden Eurydike, wörtlich die weit
und breit ausgedehnt Sprechende, Zeigende, Weisende, Her-
vorbringende: *eurýs*, weit und breit ausgedehnt, und *dike*,
allermeist übersetzt mit »Gerechtigkeit«, verwandt mit dem
Verb *deíknymi*, zeigen, weisen, zum Vorschein bringen, her-
vorbringen u.a., davon das lateinische *dicere*, sagen, sprechen u.a. Die Frau, die »weit und breit ausgedehnt« zeigt/
weist/hervorbringt/spricht: die Frau, die sich nicht zusam-
men- und ihn ins Unglück reißt, die Frau, die *zu viel spricht*.
  Eurydikes Weitundbreitausgedehntsprechen wurde in die
Unterwelt verbannt, als sie auf der Flucht vor einer Vergewaltigung versehentlich auf eine Schlange trat, die sie töd-
lich biss. Willst du nicht *erst recht* still gestellt werden, so
fliehe nicht vor deiner bevorstehenden Vergewaltigung,
vor deiner bevorstehenden Besamung mit Buchstaben aus
dem Dirigier- oder Zauberstab eines Mannes. Die Schlange
sei, schreibt Heinrich Kramer im *Hexenhammer*, »das erste
Werkzeug des Teufels« gewesen; der »Tod des Körpers« sei

»ein offener, schrecklicher Feind..., das Weib aber ein heimlicher, schmeichelnder Feind.« – »Ihr Name ist Tod.« – »Und daher heißt man sie nicht mehr eine böse und gefährliche Schlinge der Jäger, als vielmehr der Dämonen, weil die Menschen nicht bloß gefangen werden durch fleischliche Lüste, wenn sie sehen und hören, da, nach *Bernardus*, ihr Gesicht ein heißer Wind ist und die Stimme das Zischen der Schlange, sondern auch weil sie unzählige Menschen und Tiere behexen. Ein Netz heißt ihr Herz, d.h. die unergründliche Bosheit, die in ihrem Herzen herrscht. Und die Hände sind Fesseln zum Festhalten, wenn sie die Hand anlegen zur Behexung einer Kreatur, dann bewirken sie, was sie erstreben, mit Hilfe des Teufels. Schließen wir: Alles geschieht aus fleischlicher Begierde, die bei ihnen unersättlich ist. *Sprüche* am Vorletzten: ›Dreierlei ist unersättlich usw. und das vierte, das niemals spricht: Es ist genug, nämlich die Öffnung der Gebärmutter.‹«

Ihr Körper unersättlich, ihr Herz ein Netz, ihre Hände Fesseln, ihr Gesicht ein heißer Wind, ihre Stimme das Zischen einer Schlange; das Einzige, was gut ist an ihr, weil es niemals (aus sich selbst heraus) spricht: die Öffnung der Gebärmutter, jene Stelle also, in die ein Stab, eine Spitze, eine Stimme eindringen kann. Unbeschriebenes Blatt, das, um ein »wahrer« Körper zu werden, von außen, durch einen Eindringling, beschrieben werden muss.

Das deutsche Wort »Stimme« ist ein Abkömmling des griechischen Wortes *stóma*, was interessanterweise nicht nur heißt: Mund, Mündung, Öffnung, Ausgang, sondern auch: Front, Schneide, Spitze. Orpheus' Versuch der Rettung seiner eigenen überirdischen, strahlenden, kulturstiftenden Zauberer-Stimme durch Entführung Eurydikes aus der (Unter-)Welt ihres Weitundbreitausgedehntsprechens, sein Versuch, sie *noch einmal* zum domestizierten Schatten, Grund

und Resonanzboden seiner Stimme zu machen, misslingt bekanntlich: Orpheus hält sich nicht an Kerberos' Gebot, sich auf dem Weg von der Unter- in die Oberwelt nicht nach ihr umzudrehen, das heißt: Er hält es nicht aus, Eurydike nicht mit seinem Blick zu bannen, und so muss er allein zurück ans Licht. Eurydike, von der man kaum etwas weiß und die niemand nach ihren Wünschen gefragt hat, bleibt auf der Seite des Finsteren, Dunklen, und Orpheus verliert ohne sie die Wunderkraft seines Dirigier- oder Zauberstabes, die Wunderkraft seiner ritzenden Schneide, seiner bezeichnenden Spitze, seiner bestimmenden Stimme, seiner *Front.*

Heinrich Kramer schreibt: »Hören wir noch von einer anderen Eigenschaft: der Stimme. Wie nämlich die Frau von Natur lügnerisch ist, so auch beim Sprechen. Denn sie sticht und ergötzt zugleich: Daher wird auch ihre Stimme mit dem Gesang der Sirenen verglichen, die durch ihre süße Melodie die Vorübergehenden anlocken und dann töten.«

*

Google schlägt vor: »warum reden frauen nicht klartext«, »frau hört nicht auf zu reden«, »freundin redet wie ein wasserfall«, »wenn frauen zu viel reden«, »mutter redet zu viel«, »warum reden frauen so viel«, »frauenlogik«, »frauensprache alles gut«, »aha frauensprache«, »was frauen sagen aber meinen«, »müssen frauen immerfort reden«, »warum sind frauen so unlogisch«, »die unlogik der frauen«, »psyche der frauen verstehen«, »sprache der frauen verstehen«.

*

Ich sitze in meiner Berliner Wohnung, ich will, dass dieser Text endlich fertig wird, aber er gehorcht mir nicht, er sperrt sich gegen meinen Willen, gegen meine Sehnsucht nach Erlösung, die Lektüre des Hexenhammer *ertrage ich nur in kleinsten Dosen, wie ich auch Lektüren klassischer Philosophie nur noch in kleinsten Dosen ertrage, es besteht immer die Gefahr, dass ich wieder eingesogen werde von der Faszination dieser einschließenden Sprache, dass sie mich wieder ganz und gar umgibt, dass ihre Stimmen wieder so überhand nehmen, dass ich nicht mehr sprechen kann, dass jeder Versuch des Tönesuchens meiner tastenden Finger in den Strom dieser übermächtigen Geschichte gesogen und mit ihr fortgerissen wird, ich denke das Wort »Sekte« und verbiete es mir sogleich, ich denke »Heidelberg« und »Männer in schwarzen Anzügen mit klappernden Schlüsselbünden in dicken Hosentaschen«, ich denke »Leben oder Tod«, »warum ging es dort immer um Leben oder Tod?«, ich erlege mir eine strenge Regel auf: Mindestens drei Viertel der Buchstaben, die in meine Augen dringen, müssen von Weiten erzählen, von kurven- und krümmungsreichem, sich bewegendem Gelände, nur dann kann ich mich selbst in der Sicherheit wiegen, den Boden unter den Füßen nicht wieder zu verlieren. Was bleibt, ist die alte Anziehungskraft, was bleibt, ist: Ich fühle mich wie eine Abstinente, die vom ehemaligen Suchtmittel nur noch geringe Mengen konsumieren darf. Selbsthilfegruppe: Anonyme Philosophinnen. Die alte Sprache mit ihren versteinerten Abspaltungen nicht mehr zu lesen und schlicht zu vergessen, ist keine Option, sondern eine Vorstellung von Geschichte, die eben genau jene Geschichte wiederholt, die sie angeblich hinter sich lassen will; sie bleibt beherrscht von der Idee des (unberührten) Ruhenden, Geraden, Sichtbaren, Offensichtlichen, das sich nur in ein Fahrzeug setzen und ein anderes Ziel ansteuern, das nur seine Waffen oder Strahlen in Richtung eines anderen Mediums lenken muss. Diese Geschichte ist nicht vergangen; wir können uns abtrennen und fremd stellen, um mit Christa Wolf zu sprechen, aber das macht uns nur unempfindlich für ihr Lauern. Es gilt, aus sämtlichen Vehikeln auszusteigen*

und sämtlichen Jägern ihre Waffen abzunehmen, es gelten nur
Füße und Hände, es gilt nur: Haut. Füße gehen nie auf geradem
Terrain, sie bewegen sich auch niemals gerade, sie rollen ab, ma-
chen wellenförmige Bewegungen, beugen die Knie und krümmen
die Beine, das Gerade und Ungerade ist eine Frage der Perspektive,
nur was weit weg ist, nur was man nie aus der Nähe betrachtet
hat, was man nie zerlegt hat, kann einem als gerade erscheinen.
Ich formuliere ein Thema, das Thema lautet: – nein, ich for-
muliere kein Thema, ich formuliere eine Frage, die Frage lautet:
Großmutter, wollen wir uns auf den Waldboden legen und, krie-
chend oder tastend, versuchen, seinen Boden zu entziffern? Auf
unseren Rücken, zur Vorsicht, die Waffen des Jägers, und unseren
Korb, der früher dem Jäger diente, trägt jetzt der Wolf.

*

In der altnordischen Mythologie gibt es die Völven, Einzahl
Völva, was wörtlich heißt: die *Stabtragende*, die *Frau mit Stab*.
Ob etymologische Verwandtschaft besteht, weiß ich nicht,
ausgedehnte Google-und-Lexika-Durchsuchstunden haben
mir nicht geholfen, es herauszufinden, aber der lautliche Anklang an die *volva* (lat. Gebärmutter, Hülle, Tasche, von *vol-*
vere lat. u.a. rollen, wälzen, aufwirbeln, fließen, fortreißen,
erleben, durchleben) und an den *Wolf* sind kaum überhör-
bar. Es gibt nicht nur die sogenannte Blutsverwandtschaft;
es gibt auch die Verwandtschaft der Klänge und Laute, die
ihre eigenen weitverzweigten Familiengeflechte bilden, aber
in keinem einfachen Baum nachzuzeichnen sind. Es nicht
darauf anzulegen, ein Geständnis aus ihnen herauszupres-
sen, mit wem sie wann das Bett geteilt haben, ist eine Frage
der Diskretion, aber auch eine Frage der Klugheit dessen, der
sein Gehör nicht verlieren will.

Völven sind Zauberinnen, Wahrsagerinnen, Seherinnen, Hexen, Prophetinnen; eine der berühmtesten altnordischen Dichtungen ist die *Völuspá*, die Weissagung einer Völva. Sie entstand vermutlich um das Jahr 1.000, der Zeit der Christianisierung Nordeuropas, und erzählt in Stabreimversen von der Entstehung und vor allem vom Ende der Welt, *Ragnarök*. Ragnarök tritt dann ein, wenn der Wolf, der die Sonne beständig jagt, diese endlich einholt und verschlingt: Dann »füllt« er »sich mit den Leibern getöteter Männer.« In der *Völuspá* steht auch Folgendes:

> »Von dort *(dem Urbrunnen, der Schicksalsquelle)* kommen Mädchen,
> viel wissende,
> drei aus dem Wasser, das unterm Baum liegt,
> Urd hieß man die eine, die andre Werdandi,
> – sie ritzten ins Holz –. Skuld die dritte;
> sie legten Bestimmungen fest, sie wählten das Leben
> den Menschenkindern, das Schicksal der Männer.«

Der Kommentar zu diesen Versen sagt: »Die drei Mädchen sind die Nornen, die den Menschen das Schicksal bestimmen, etwa, indem sie Runen ins Holz ritzten.«

Eine Rune ist ein »altes germanisches Schriftzeichen« und heißt zunächst so viel wie »geheime Beratung, geheime Rede, Geheimnis, Geflüster; Geheimnis, geheime Beratung, (zu deutendes Geheim-, Zauber-)schriftzeichen, Schrift«.

Das deutsche Wort »Buchstabe« bezeichnet »anfangs … ein Holzstäbchen mit eingeritzten Runenzeichen«.

Der Buchstabe ist also ein Geheimschriftzeichen, ein Zauberschriftzeichen. »Geht man jedoch von alter Verwandtschaft der germ. und kelt. Formen aus und zieht ablautendes mhd. rienen ›jammern, klagen, flehentlich bitten, beklagen, bejammern‹, aengl. *rēonian* ›klagen, murren, sich verschwören, planen‹, norw. (mundartlich) *rjona* ›schwatzen‹ sowie außergerm. (trotz semantischer Bedenken) aind. *ráuti, ruváti* ›brüllt, schreit‹, griech. *ōrẏesthai* (ὠρύεσθαι) ›heulen, heulend schreien, wehklagen‹, lat. *rūmor* ›dumpfes Geräusch, Ruf, Gerücht‹, *ravus* ›heiser‹, aslaw. *ruti, ŕuti*, russ. *revét'* (реветь) ›brüllen‹ heran, kann an eine Schallwurzel ie. *reu-, *rēu-, *rū- ›brüllen, heisere Laute ausstoßen‹ und (im Hinblick auf das Germ.) ›brummen, murren, dumpfe Laute von sich geben‹ angeknüpft werden.« (*DWDS*, Lemma »Rune«)

Schwatzen (*zu viel sagen*), brüllen, heisere Laute ausstoßen, brummen, murren, dumpfe Laute von sich geben (*unverständlich reden, aufmucken: schrill oder still, hysterisch/verrückt oder unartikuliert, jedenfalls nicht »so gerade wie möglich«*): Am Grund der Buchstaben, so scheint es, liegen Körper, die die Geschichte als »weiblich« liest, am Grund der Buchstaben liegen all dieselben verwobenen, verworrenen Konnotationen, mit denen »weibliche Sprache«, »weibliche Schrift«, »weiblicher Körper« belegt werden, was vielleicht erklärt, warum die Philosophie bis heute mitunter so hasserfüllt, jedenfalls aber leseunwillens, aus dem Gebiet der Schrift, das sie beherrschen will, zu vertreiben sucht, was in ihrem eigenen Inneren wohnt: Murmeln, Zauberei, Geheimnis, Geflüster. Brüllen. *Brüllen*. Wann brüllt jener Körper, der ansonsten nur murrt, sich verschwört, klagt, schwatzt, dumpfe, unverständliche Laute von sich gibt? Ich denke an Geburtsschmerzen, ich denke an Eurydike in der Unterwelt, ich denke an die zigtausend Frauen, die im Mittelalter verbrannt worden sind, ich denke an meine Großmutter in psychiatrischen Heilanstalten, ich denke daran, dass heute fast doppelt so viele Frauen wie Männer an Burnout erkranken, ich denke daran, wie unerträglich für mich die Innenräume des philosophischen Seminars in Heidelberg waren, ich denke: Man brüllt, wenn man Schmerzen hat, man brüllt, wenn man nicht gehört wird; oder beides.

Der Buchstabe, die Schrift: die Frau, die im Dunkeln mit den Wölfen tanzt, die Frau, die abhebt und dabei eine Art geheimen, schwer greifbaren, schwer kontrollierbaren Zauber ausübt.

Der Mann mit Stimme, Spitze und Stab sprießt aus dem Boden, stiftet Kultur und fährt mit Hilfe seiner Stabes- oder Stimmesgenossen in den Himmel auf; die *Frau mit Stab* wird in die Erde gelegt, auf den Boden geholt oder verbrannt.

*

Erna schreibt:

Du, mir ist was eingefallen. Ich schreib's Dir auf:
Es war einmal ein Besen, dem wollte seine Arbeit nicht mehr gefallen. ›Jeden Tag über Treppen und Dielen fegen, Staub schlucken und Spinnweben kauen, das ist doch kein Leben‹, dachte er missmutig, schabte seinen Kopf und überlegte, wie er sich wohl verbessern könnte. Am Morgen nahm die Hausfrau den Besen aus dem Schrank und meinte sorgenvoll: ›Was nur mit ihm los ist? Täglich verliert er Haare. Wenn das so weitergeht, ist es bald mit ihm zu Ende.‹ Das zu hören, war dem Besen gerade recht, er wollte so nicht mehr leben. Und siehe da, eines Tages legte man ihm ein Tuch um die Schultern und tauchte ihn in frisches Wasser. Das gefiel dem Besen über die Maßen und er fuhr voller Freude auf den staubigen Dielen herum. ›So hat mein Nachdenken doch geholfen‹, sprach er stolz zu sich selber, ›wenn ich auch meinen alten Namen und fast alle meine Haare dadurch eingebüßt habe, – die neue Methode behagt mir mehr als ich sagen kann.‹ Und er freute sich wieder auf jeden kommenden Tag.

Ich zeigte es meinem Lehrer; da meinte er, mein ganzes Denken sei zu abstrakt, ich müsste ein bisschen mehr auf die Erde herunter. Ich glaube, er hat recht. – Aber man kann etwas doch nur so aufschreiben, wie es einem aufscheint.

(3. April 1946)

*

Erster Stock, ein breiter, heller Gang zwischen einer Fensterfront und einer Wand, hinter der zwei Klassenzimmer liegen, an die Wand hat eine Kunst-AG im Jahr zuvor im Popart-Stil Marilyn Monroe gemalt, aber ihr Dekolleté war der Schulleitung zu tief ausgeschnitten, Marilyn Monroe hat jetzt keine Brüste mehr, sondern rote Punkte auf weißem Hintergrund und ein adrettes Krägelchen unter dem Kinn. Ich bin vielleicht sechzehn, ich komme dauernd zu spät, ich schwänze, ich lege mich mit Lehrerinnen an. In einer Sozialkundeklausur sollen wir uns mit »Individualität« beschäftigen; ich weiß nicht mehr, wie die Frage genau lautet, ich weiß auch nicht mehr, was ich schreibe, aber ich weiß noch, dass mir die Beantwortung Spaß macht, ich ergehe mich in philosophischen Überlegungen dazu, was »Individualität« heiße oder heißen könne, es geht um Monaden und Ähnliches, aber ich bekomme keine besonders gute Note, und als ich den Lehrer nach den Gründen frage, sagt er, »Das ist hier nicht Kunst, sondern Politik. Das ist alles viel zu abstrakt. Sie müssen mit Ihrem Schreiben auf die Erde herunter.« Ich antworte: »Man kann etwas doch nur so aufschreiben, wie es einem aufscheint. Ich kann etwas doch nur so aufschreiben, wie ich es denke.« Der Lehrer sagt, das sei Blödsinn. Ich sage, dass das Blödsinn sei, sei Blödsinn. Der Lehrer fügt noch hinzu: »Irgendwie leben Sie in Ihrer eigenen Welt.«

Das Eigene: Das Besondere, Nicht-Allgemeine, das Geteilte, das Abgefallene, das Nichtmitteilbare, das Vielfache; die unverwechselbare Frau Synkope, die terzhafte Betonung des eigentlich unbetonten Schlages im Takt.

Die Aufzeichnungen meiner Großmutter fand ich in einem Schrank im Haus meiner Eltern wenige Wochen nach der beschriebenen Auseinandersetzung mit meinem Sozialkundelehrer. Ich war frappiert. Fast wortgenau dieselben Sätze, dasselbe Motiv, sogar dieselbe sonderbare Wortwahl: *Wie es mir aufscheint*. Die Stimmen meiner Großmutter stellten mich vor eine Wahl, jedenfalls fühlte es sich eine Zeitlang so an. Willst du uns folgen? Willst nicht auch du verrückt werden? Bleib mit uns im Haus, in dem die Nacht herrscht, finde den Ausgang nicht, dreh dich mit uns um die eigene Achse, Spinnrad des Inneren, Webstuhl der Nacht, erdengleich, schattengleich, unterweltgleich, vielleicht können wir uns so gegenseitig versichern, dass wir überhaupt da sind. Dass wir leben, dass wir denken, dass wir sprechen, dass wir *schreiben*. Dass wir eine *Allgemeinheit* bilden können: einen Raum, der nicht *uns* teilt in unsere angebliche absolute Eigenheit, Unverbundenheit, Vereinzeltheit, Innerlichkeit, Dunkelheit, Verrücktheit, sondern einen Raum, den *wir* teilen können. Willst du in uns eine Freundin haben, Strählchen? Eine richtige, mit der man über alles reden kann? *Willst du unser Strählchen sein?* Der Weg ist nicht weit, ein winziger Schritt von der Schwelle, auf der du schon stehst. Wir schließen die Tür, denn das Haus ist zum Verschließen, da können die anderen nicht dahinter kommen. Wir schließen die Tür, dann finden die anderen den Eingang nicht mehr. Wir schließen die Tür, dann kann niemand mehr eindringen in unsere Haut und unsere Sprache gewaltsam vom Himmel holen. Die Hölle finden wir auch allein. Das altnordische Wort *rúna*, von dem das deutsche Wort »Rune«

abstammt, bedeutet: gute Freundin, Vertraute; Buchstaben waren ursprünglich Holzstäbchen mit eingeritzten Runenzeichen, Buchstaben scheinen die einzigen Vertrauten meiner Großmutter gewesen zu sein, Buchstaben waren im Teenager-Alter auch meine engsten Vertrauten, sind es in gewisser Weise bis heute, in den Buchstaben öffnet sich ein überzeitlicher Raum, öffnen sich Verbindungen, Assoziationen, Nachbarschaften, Verwandtschaften, die niemand mehr ohne weiteres aus der Welt schaffen kann, sind sie einmal in die Welt gesetzt, Bücher können verbrannt werden wie Hexen, aber die Verbindungen, die Buchstaben einmal eingegangen sind, überdauern jede Inquisition, in gewissem Sinne können sie ihre Wirkung im Verbotenen oder Verborgenen sogar besser entfalten, das ist ihre Zauberei (und tatsächlich, mitunter, auch ihre Gefahr): Ich sagte in einer fast identischen Situation und auf eine praktisch identische Kritik einen identischen Satz, einen Satz, den es im Leben meiner Großmutter schon gegeben hatte, von dem ich nichts wusste und auch nichts wissen konnte; und gerade weil ich meine Großmutter selbst kaum gekannt hatte, wurde diese plötzlich auftauchende Verbindung mit ihr zu einer dämonisch besetzten Botschaft, von der ich lange nicht wusste, was ich mit ihr anfangen sollte.

*

Während der letzten zwei Semester meines Studiums betrete ich die Räume des Heidelberger philosophischen Seminars nur noch in schweren Wanderstiefeln und mit fertig gepacktem 60-Liter-Rucksack (2 Unterhosen, 2 Paar Socken, 2 T-Shirts, 1 Fleece-Oberteil, 1 kurze Hose, 1 lange Hose, 1 Geldbeutel, 1 Handy, 1 Handyladekabel, 1 Notfallapotheke, 1 Regenjacke, 1 Regenhose, 1 Minihandtuch, 1 Zahnbürste); ich muss mir selbst und auch allen anderen versichern, dass ich jederzeit gehen kann, anders halte ich es dort nicht mehr aus. Ein Abschlusszeugnis nehme ich noch mit, dann laufe ich los, der Weg dauert mehrere Monate und erstreckt sich über 1.500 Kilometer; etwa auf halber Wegstrecke liegen die Pyrenäen, die Grenze zwischen Frankreich und Spanien. Grenzen existieren einer alten Logik gemäß nicht als begehbarer Raum, sondern als Spalte, man ist entweder auf der einen oder auf der anderen Seite, aber wer einmal so lange gewandert ist, der weiß: Grenzen sind etwas Schillerndes, sie kündigen sich lange im Voraus an, sie sind den Bäumen eingeschrieben und den Blumen, den Schafen und den Wildpferden, der Erde und dem Wind, den Sprechweisen und dem Schlag, sie transformieren den Körper, der in ihre Nähe kommt, wer ein Land lange durchwandert hat, wird empfindsam für seinen Boden und für das, was aus ihm wächst, er spürt genau den Moment, in dem er dieses Land verlässt. Ich bin im französischen Baskenland, die Landschaft ist zunehmend durchzogen von der Ankündigung des bald zu überquerenden Gebirges; nur noch selten geht es flach geradeaus, stattdessen beginnt der Weg, sich über kleinere und größere Hügel zu winden. Die Dörfer liegen jetzt oft auf Anhöhen, manche aber auch in Tälern zwischen zwei Erhebungen, und die Häuser sind nicht mehr aus unbehauenem Stein, sondern, wenigstens auf der Vorderseite, weiß verputzt und mit dunkelrot angestrichenen Fensterläden versehen, manche zusätzlich auch mit vertikal verlaufendem Fachwerk. Die Ecken der Häuser hat man mit ihren großen, versetzt aufeinander ruhenden Ziegelsteinen oft putz- und anstrichslos gelassen, und wenn man um sie herum blickt, sieht man an den Seiten der Häuser dann doch die aus anderen Landstrichen Frankreichs bekannten aufeinander gesetzten, rundlichen Steine unterschiedlichster Größen. Bei manchen Häusern sind sie sehr klein, bei anderen sehr groß. Dass ich mich nicht nur den Bergen nähere, sondern auch dem Atlantik, merke ich daran, dass es, anders als zuvor, *jetzt manchmal einen leichten Wind gibt, der in der glühenden Augusthitze für kurze Momente der Erleichterung sorgt. Über manchen Hauseingängen ist eine baskische Inschrift angebracht, die ich nicht verstehe; auf den ersten Blick erinnern mich manche der Elemente dieser Inschriften an das Lateinische, aber ich weiß, dass das Baskische eine sogenannte isolierte Sprache ist, eine Sprache, die, nach allem, was man weiß, keine Verbindung zu den anderen Sprachen des europäischen Kontinents hat, also auch nicht zum Lateinischen. Vielleicht wecken diese Inschriften nur deshalb lateinische Assoziationen, weil sie in meinem inneren Ohr sehr alt klingen, wie aus einer längst vergangenen Zeit. Ich erinnere mich nur an eine dieser Inschriften – aber vielleicht gibt es auch nur diese eine –, sie lautet »Gure etxea«. Später lerne ich, das bedeute so viel wie »unser Haus«. Orte, durch die ich komme, heißen Arüe-Ithorrotze-Olhaibi, Uhartehiri (Uhart-Mixe) oder Izura-Azme (Ostabat-Asme). Nach linguistischen Gesichtspunkten mag die Sprache isoliert sein, aber sie wird in dieser Grenzregion gesprochen und gelebt. Wikipedia verrät mir, fast alle Sprecher des Baskischen seien mehrsprachig; das Baskische sei »der letzte überlebende Vertreter einer alteuropäischen Sprachschicht..., die vor dem Vordringen des Indogermanischen in weiten Teilen Westeuropas verbreitet war.«*

*

Wenn ich an das Ende meiner Schulzeit denke, vielleicht die letzten zwei Jahre, dann kommt es mir heute so vor, als hätte sich über diese Jahre ein Film aus einer anderen Zeit gelegt, mit dem Schatten eines anderen Körpers. Je mehr ich diese Zeit zu greifen versuche, desto mehr entgleitet sie mir, als wäre diese Zeit selbst aus einem anderen Leben, einem Leben, das tot ist, aber wiedergeboren in Zeichen, die etwas von mir wollten, die noch heute zu mir sprechen, auch wenn es nicht mein Körper ist, den ich darin wiedererkenne. Bis heute lese ich jedes mir interessant erscheinende Buch über Schizophrenie, das mir in die Finger kommt. Esmé Weijun Wang, die 2017 den Graywolf Press Nonfiction Prize erhielt, schreibt in ihrem Essay »Reality, On Screen« aus *The Collected Schizophrenias*: »Je mehr ich über die Welt nachdenke, desto deutlicher wird mir, dass es ihren angeblichen Zusammenhang nicht mehr gibt, oder dass er sich gleich wieder auflöst – weil sie sich selbst auseinanderreißt, weil sie noch nie einen Zusammenhang hatte, weil mein Verstand nicht länger in der Lage ist, ihre Teile zusammenzuhalten, oder, am wahrscheinlichsten, irgendeine wirre Kombination dieser Dinge. Ich verstehe nur eins oder das andere, obwohl der Himmel angeblich zur selben Welt gehört wie die Vorhänge, und der Hund, der ins Zimmer kommt, zieht meine Aufmerksamkeit als ein vollkommen neuartiges Objekt auf sich, mit dem ich fertig werden muss.« Beim Lesen solcher Beschreibungen bekomme ich immer ein merkwürdig aufgekratztes Gefühl und ertappe mich dabei, wie ich ständig mit dem Kopf nicke, als würde ich sagen wollen, ja genau, ich weiß, ich weiß, und es stimmt auch, in gewisser Weise weiß ich – in anderer aber nicht; ich hatte nie klinischen Wahn, kenne ihn nur als Ahnung, als Nachwehen, als Schatten kommend von einem Körper, der vor mir lebte, und dennoch scheint mein Körper ein Gefühl dafür, oder ein Wissen davon zu haben, allerdings mit dem sicheren Abstand der Gewissheit, dass der mir verwandte Körper, der vielleicht in manchen Aspekten Ähnliches durchlebt hat wie Esmé Weijun Wang, ein Körper ist, der jetzt Ruhe finden darf. Was mein Körper aber durchaus als eigene Erfahrung kennt, ist, in kleinste Stücke zerteilt und zerstreut in der Landschaft herumzuliegen und sich nicht mehr aufsammeln, sich nicht mehr aufrichten, sich nicht mehr rühren, sich selbst und die sich in kleinste monadische Partikel auflösende Welt nicht mehr zusammenhängend lesen zu können: Es gab einen Herbst, da lag ich im Bett und konnte nicht mehr aufstehen, die Waschmaschine zu befüllen wurde zur kaum bewältigbaren Tagesaufgabe, wenn ich ein Buch aufschlug, verschwammen die Buchstaben zu unverständlichen Aneinanderreihungen von Zeichen, die Sätze fielen aus jeglichem logischen Zusammenhalt, und unter meiner Kopfhaut kribbelten zigtausend Ameisen; nichts sprach mehr zu mir, die Dinge ebenso wie die Buchstaben ebenso wie die Menschen gaben nur noch ein unverständliches Murren oder Rumoren ab, bedeutungsloses Schnattern, Vielreden, endloses Wiederholen von Gleich-Gültigem. Das »Gerade« ist weder das Wahre noch das Schöne, noch das Gute, noch das Genaue, das »Gerade« ist einfach nur das, was es schafft, die Herkunft der Buchstaben auszublenden, die Tatsache, dass sie Füße und Hände und Münder haben und das samtene Bett, das für sie vorgesehen ist, dieses samtene Bett des bestimmten, gestimmten, zum Resonanzraum gemachten Körpers nicht bewohnen wollen.

Europas berühmtester Nervenkranker war Daniel Paul Schreber, imaginärer Patient Freuds und Lacans; Schreber schrieb ein Buch mit dem Titel *Denkwürdigkeiten eines Nervenkranken,* in dem er unter anderem sein Verhältnis zu Strahlen beschreibt: »Die Fähigkeit, in dieser Weise auf die Nerven eines Menschen einzuwirken, ist vor allen Dingen den göttlichen Strahlen eigen; darauf beruht es, daß Gott von jeher in der Lage war, einem schlafenden Menschen Träume einzugeben. Ich selbst habe die Einwirkung zunächst als eine vom Professor Flechsig ausgehende empfunden. Die Erklärung dieses Umstands kann ich nur darin suchen, daß Professor Flechsig es in irgendwelcher Weise verstanden hat, sich göttliche Strahlen dienstbar zu machen; später haben dann außer den Nerven des Professors Flechsig auch unmittelbare göttliche Strahlen sich mit meinen Nerven in Verbindung gesetzt.« Die phallische Macht und Kraft von Schrebers Strahlen zielt darauf ab, sich in seinen Körper einzubrennen und ihm so seine »Integrität« zu nehmen: »Indem Gott, dessen Strahlenkraft ihrer Natur nach eine aufbauende und schaffende ist, mir gegenüber unter regelwidrigen Umständen eine lediglich auf Zerstörung der körperlichen Integrität und des Verstandes gerichtete Politik versucht hat, ist er mit sich selbst in Widerspruch getreten.« Daher: »Der zweite Punkt, der in diesem Kapitel behandelt werden soll, betrifft die der Weltordnung innewohnende Tendenz zur ›Entmannung‹ eines in dauernden Verkehr mit Strahlen getretenen Menschen.«

Ein Mann wird durch Strahlen, die sich in seinen Körper einschreiben (statt dass er selbst Strahlen in einen *anderen* Körper schreibt, sich die göttlichen Strahlen also aneignet), ›entmannt‹. Zwischen Strahlen und Strählchen besteht ein entscheidender Unterschied: Strahlen sind absolut, sie können keine »zweite Hälfte sein«, weil sie das, was sie treffen, vollständig in Besitz nehmen und besetzen. Mit Strahlen kann man nicht kommunizieren, denn sie wollen nicht kommunizieren, sie kommen von oben, sie wollen sich einbrennen, einschreiben, sie wollen einschlagen und jenes Sprechen, das sie sich als austragenden Körper auserkoren haben, blenden und blind machen. Strählchen dagegen sind zart, nicht gewaltsam, sie können überall sein, überall auftauchen, und sie können neben sich jederzeit vielfache andere, aus anderen Richtungen kommende Strählchen akzeptieren. Sie sind keine Armee, kein rasender Pfeil auf dem Weg in sein Ziel, kein Blitz, der in eine dunkle Materie einschlägt, kein Guss aus einem göttlichen Krug, dessen allzu gerades »Geschenk« anschließend ein Schrubber gewordener Besen mit einem Lappen aufwischen muss, sondern tänzelnde Erscheinungen ohne bestimmte Intention, und genau deswegen kann man ihnen nahekommen, genau deswegen kann man sie streicheln, genau deswegen kann man ihnen schreiben; und vielleicht schreiben sie, manchmal, sogar zurück.

*

Die Besengeschichte meiner Großmutter ist kein literarisches Meisterwerk, und trotzdem rührt sie mich an. Schizophrenie hat nicht die »eine« Ursache, es gibt nicht einmal »die« Schizophrenie, aber man weiß, dass Lebensumstände Stressoren sein können, die einen Ausbruch begünstigen, und ich glaube nicht, dass die Wandlung vom langhaarigen Besen zum kurzhaarigen Schrubber, die Benutzung ihres Stabs, Steckens oder Stocks zum Nasswischen statt zum Staubfegen alles war, was Strählchen sich für das Leben meiner Großmutter vorgestellt und gewünscht hatte, und vielleicht spricht es Bände, dass sie später, als sie schon lange krank war, dachte, sie sei eine berühmte Schriftstellerin und Komponistin; sie hatte keine andere Welt, kein anderes Schreibwerkzeug zur Verfügung als den Besen in ihrem Schrank, und während sie diesem mit Hilfe eines nassen Lappens ein »Und er freute sich wieder auf jeden kommenden Tag« andichtete, ritt sie selbst schon längst auf seinem Rücken, abhebend in die eigene Welt einer Grammatik, die tatsächlich nicht mehr teilbar war, die nirgends mehr Aufnahme finden und sich nirgends mehr einschreiben konnte, ein freies Radikal, das man mit Medikamentencocktails und Elektroschocks vergeblich in seinen Schrank auf der Erde zurückzuholen versuchte; ab-

hebend in einen zeitlosen Raum, aber mit der Notwendig-
keit, irgendwann irgendwo wieder zu landen, nicht auf der
Erde, dieser schon hoffnungslos bestimmten, überstimm-
ten, verstimmten Gestalt, nicht in einem Schrank, sondern
in der weitläufigen Haut der Zeit, jener sich immer weiter
und breiter in alle Richtungen ausdehnenden Landschaft,
die nicht immer wieder als dieselbe Musik wiederholt und
durchdirigiert wird, sondern deren Zeigen und Weisen
mit jedem Buchstaben ihre ganz eigenen, stets verwandten, stets teilbaren Klangräume anstimmt: Strählchen,
nicht Strahl, Strählchen, jene in der Dunkelheit tanzen-
den, auftauchenden und wieder verschwindenden, magi-
schen bunten Lichter an den Polen der Erde, die es in vier
verschiedenen Gestalten gibt, *Corona, ruhige Bögen, Bänder* und *Vorhänge*. »Corona« kommt aus dem Lateinischen
und Griechischen, griechisch *korṓnē*, bedeutet, unter anderem, so viel wie Krümmung, »anything hooked or curved«;
ein »ruhiger Bogen« ist kein Schießinstrument, sondern
der mit Pferdehaaren bespannte Stab, der ein Streich-
instrument in Schwingung versetzt, und der für ein gutes
Spiel sowohl springen können, als auch ruhig liegen muss.
Bänder sind »strangartige Strukturen« und bezeichnen im
»Bewegungssystem zumeist wenig dehnbare, faserartige
Bindegewebsstränge, die bewegliche Teile des Knochen-
skeletts verbinden«. Mit Bändern kann man außerdem,
zum Beispiel, Vorhänge an den Seiten eines Fensters fest-
binden.

*

*Ich bin im französischen Baskenland, ich bin im letzten Ort dies-
seits der Berge, der Anstieg von Saint-Jean-Pied-de-Port, das ich
früh morgens, noch vor Sonnenaufgang, verlasse, ist sehr steil,*

kostet mich aber keine Anstrengung. Die vielen Wanderer, für die dies die erste Etappe ist, und die schon nach wenigen Metern schwitzen, schnaufen und keuchen, lasse ich mühelos hinter mir. Als es zu dämmern beginnt, bin ich umgeben von dichtem Nebel, der sich allmählich lichtet, je weiter ich aufsteige; auf einmal liegt der Nebel unter mir, und ich stelle fest, dass der Nebel in Wirklichkeit eine Wolkendecke ist. Sie sieht von oben betrachtet aus wie ein schäumendes Meer, aus dem sich, so weit ich blicken kann, kleine, weich gerundete Inseln erheben. Einige Jahre später bietet sich mir ein verblüffend ähnliches Bild, wieder kurz nach Sonnenaufgang, wieder kurz nach Durchbrechen einer Wolken- decke, aber diesmal steige ich nicht auf, sondern ab; und ich gehe nicht zu Fuß, sondern sitze in einem Transportmittel mit lärmenden Turbinen, im Anflug auf den Flughafen Kansai in der gleichnamigen japanischen Region, zu der Osaka und Kyoto ge- hören. Ich habe lange nach den Fotos gesucht, die ich beim An- flug gemacht habe, um sie mit den Fotos aus den Pyrenäen zu vergleichen, kann sie aber nicht mehr finden. Wahrscheinlich habe ich sie für belanglos gehalten und daher gelöscht.

Ich bin im französischen Baskenland, ich bin in den Pyrenäen, ich nähere mich der spanischen Grenze, ich bin sehr aufgeregt: Smartphones besitzt in diesem Sommer noch kaum jemand, ich habe nur pro forma, nur für Notfälle ein altes Nokia-Handy mit Prepaid-Karte dabei, das ich in der Regel nur einmal am Tag, abends, einschalte, aber am Tag der Grenzüberquerung lasse ich es an, ich blicke anfangs alle fünf Minuten auf das Handy, um am Netz zu erkennen, ob ich noch in Frankreich bin oder schon in Spanien, aber in den Bergen gibt es irgendwann kein Signal mehr, ich laufe, die Sonne brennt, es weht ein leichter Wind, die sprenkelig bewaldete Landschaft in ihren weichen, krummen, kurvigen Rot-Grün-Brauntönen trägt mich ganz an- strengungslos. Auf dem Weg sehe ich immer wieder Steinadler, die auf kleinen Felsvorsprüngen hocken und auf etwas zu warten scheinen, auf Beute vielleicht. Zwei- oder dreimal liegt am Wegesrand ein Schafgerippe. Ich laufe in der Trance dessen, dem das Wandern zum Alltag geworden ist, bis ich plötzlich wie elektrisiert stehen bleibe: Etwas ist anders, ich sehe mich um, dieselben Bäume, dieselbe Erde, dieselbe Luft, dasselbe Wetter, ich kann nicht sagen, was genau anders ist, das andere ist unsichtbar, unbenennbar, es bricht auf und fährt in mich als eine plötzliche Gewissheit. Ich habe Durst und nehme eine meiner beiden Wasserflaschen aus der Seitentasche des Rucksacks, und während ich große Schlucke trinke, muss ich an einen Satz denken, der Satz stammte aus Limoges, dem einzigen Ort, an dem ich auf dem ganzen Weg eine kalte Cola getrunken habe, in die ein großes Stück Zitrone und ein großer Eiswürfel versenkt waren, der Satz lautet: Die Erinnerung ist ein Körper in Wanderstiefeln. Hier ist die Grenze, denke ich, genau hier, genau jetzt: Eine Gewissheit so kühl und so klar und so freudenreich und so überwältigend, wie es sie auf demselben Weg später nur noch ein einziges Mal geben wird, als in der Kathedrale von Santiago de Compostela zum Schwingen des Botafumeiro, einem der größten Weihrauchpendel, die es weltweit gibt, und dessen Seil acht Personen ziehen müssen, um es in Bewegung zu setzen und zu halten, eine Nonne so betörend schön einen einstimmigen Gesang anhebt, dass ich die Tränen nicht aufhalten kann. Ich bin bis ans Ende Europas gelaufen, ich habe zahllose Erden berührt, zahllose Wälder durchkreuzt, zahllose Berge und Pässe überquert, ich bin mehrere Monate allein unterwegs gewesen und habe manchmal tagelang keine Menschenseele getroffen; doch nirgends war ich namenlos, nirgends gab es Mauern, die mich lebendig begraben wollten, nirgends gab es Blicke, deren waffenartigem Strahl ich mich ausgesetzt sah, nirgends kamen meine Füße ins Stottern, nirgends vergaß mein Tastsinn, wie man anschlägt, an *knüpft und weitergeht. Nirgends hüllte mich jemand in die Stille ein wie einen wertvollen Stein, ruhend in einem samtenen Bett. Verrücktwerden war keine Option mehr.*

*

Ich blättere ein letztes Mal in *Die Kunst des Klavierspiels*, bevor ich es wieder ins Regal stelle, ich habe es nicht noch einmal zu Ende gelesen, ich schlage irgendeine Seite auf und finde eine Passage, in der Neuhaus unter anderem vom Thema der Geschmeidigkeit schreibt, zu dem auch die Frage gehöre, »wie in schnellem Spiel große Distanzen zu überwinden sind, also wie man ›Sprünge‹ ausführen muß«. Er sagt: »Hier nun herrschen die Gesetze der *nichteuklidischen Geometrie*. Unser erstes Axiom lautet daher im Gegensatz zu Euklid: Die kürzeste Entfernung zwischen zwei Punkten ist die Kurve.« Gemäß nichteuklidischer Geometrie krümmen Schwerefelder den Raum, Euklids Parallelenaxiom gilt darin nicht: Weder gibt es eine einfache Gerade noch eine einfache Parallele oder Wiederholung. Jede Wiederholung beschreibt eine andere Kurve, und jede andere Kurve gebiert die Ränder einer schon verwandelten Figur. »Die Wiederholung ist die Mutter der Weisheit«; die Erinnerung ist die Mutter der Wiederholung; die Tochter der Wiederholung, die Enkelin der Erinnerung, ist die Assoziation. Mutter des Ausgangs, Ausgang der Mutter. Ihre Sinne sind geschärft wie die einer Wölfin, die die Stimmen ihrer Artgenossinnen noch über große Distanzen zu hören vermag. Aktiv ist sie vorzugsweise in der Dämmerung, denn dank einer großen Anzahl von Stäbchen auf ihrer Netzhaut, die selbst auf geringe Lichtintensitäten reagieren, kann sie auch im Dunkeln gut sehen. Sie bevorzugt dünn besiedelte Landstriche, und nahe dem Nordpol, am Rande Europas, gesellt sie sich manchmal zu einer ihrer entfernten Verwandten, der viergestaltigen *aurora borealis*, die sich in lichtverschmutzten Gegenden nicht zeigt: Behellige mich nicht, mein Kind, oder ich ziehe die Vorhänge zu und lege mich wieder in jenes Bett, dessen Mund dir noch gestern zu groß erschien.

Brief an G.W.F. Hegel

Betreff: Ablehnung Ihres Heiratsantrages

Anders gesagt: Ich hatte noch mit den
Philosophen Vermählung zu feiern.
Luce Irigaray

3. Februar 2018,
bewölkt mit leichtem Regen

Geehrter Herr!
Für Ihr Schreiben, das Sie zwischen dem 27. August 1770 und dem 14. November 1831 verfasst haben – oder sollte ich eher sagen: zwischen dem 4. Juni 622 v. Chr. und heute morgen, dem 3. Februar 2018? –, und das mir vor etwa zwanzig Jahren zugegangen ist, danke ich Ihnen. Ich möchte mich für die große Ausführlichkeit bedanken, mit der Sie mir schreiben, und mich zugleich für die große Verspätung entschuldigen, mit der ich Ihnen antworte. Drei Gründe hierfür, denn ich weiß, dass Sie es lieben, wenn auch ich nicht weiter zähle als bis drei (und beginnt nicht jeder Brief mit einem *Bon-bon*?): Zum einen musste ich erst einmal geboren werden, um Ihnen antworten zu können; zum anderen musste ich Sie, als ich dann geboren war, lesen lernen; schließlich und unendlich musste ich auch noch die richtigen Worte für meine Entgegnung finden, ein nahezu unmögliches, weil notwendigerweise unvollständiges und unzureichendes Unterfangen, aber irgendwann einmal muss es ja sein, daher bringe ich es nun hinter mich. Bitte verstehen Sie, dass meine Antwort verhältnismäßig kurz aus-

fällt; es würde ungebührlich viel Zeit in Anspruch nehmen, Ihnen in einer Ausführlichkeit zu antworten, die der Ihren verwandt ist. Es ist jetzt acht Uhr morgens, mein Brief soll mittags fertig sein; eine gewisse Eile ist also geboten.

Ich nehme mir heraus, nur auf das zu antworten, wovon mir scheint, dass es unbedingt beantwortet werden müsse; meist findet sich dies nicht in den Textteilen, die Sie selbst als die ›eigentlichen‹ oder ›wahren‹ bezeichnen würden, sondern in jenen, die danach oder dazwischen, wie nebenbei, vielleicht weniger absichtsvoll und von Ihnen selbst fast unbemerkt, aus Ihnen herausgeflutscht kamen. Auch ist mein eigenes Schreiben nicht dieser Ihrer Vorstellung unterworfen, es gebe so etwas wie den ›wahren‹ Text im Unterschied zur ›bloßen‹ Illustration (nachgetragene Bildlichkeit, Bildlichkeit, die später kommt); wenn ich Sie zitiere, so dient dies nicht der Illustration dessen, was ich sage, es steht nicht einmal immer in unmittelbar offenbarem Zusammenhang, denn das Offenbare interessiert mich nicht. Wie Luise Meier schreibt: »Man kann den Text, wie die Holzdiebin den Wald, nur abseits der Wegweiser durchstreifen.« Wenn ich Sie zitiere, so tue ich dies nicht, um mir selbst einen Untergrund, eine Unterwelt meines Schreibens zu verschaffen; es ist Ihre Gewohnheit, eine solche zu benötigen, nicht meine. Ich tue dies nur um des Flechtens, Webens und Zerstreuens willen, um der Wirklichkeit willen. Kurz gesagt und vorab: Ich lehne Ihren Antrag ab, und begründe dies wie folgt.

Sagen wir also, ich hätte schon immer kein anderes Ziel gehabt als das, Sie zu verführen. Sagen wir: Ich hätte schon immer nichts anderes gewollt, als Sie in meine Nacht zu stürzen. Denn ja: Ich bin, wie Sie in der Enzyklopädie der Wissenschaften sagen, *dieser nächtliche Schacht, in welchem eine Welt unendlich vieler Bilder und Vorstellungen aufbewahrt ist*, dieser nächtliche Schacht, in dem Ihr Auge nichts mehr erkennen, in dem Ihre Hand nichts mehr begreifen kann. Der Tag bricht an, sagt man, die Nacht jedoch bricht ein, wie eine Diebin; sie kommt, Ihnen den Verstand zu rauben, sobald Ihr Uhrzeiger jene dunkelste Mitte anzeigt, die den Umschlagspunkt zwischen dem einen und dem anderen, zwischen Tag und Nacht, und zwischen den zwei Teilen der Nacht darstellt: *Um Mitternacht ist, wie die Diebe sehr gut wissen, der Schlaf am festesten…,* stellen Sie fest inmitten eines Absatzes, der ›eigentlich‹ von etwas ganz anderem handelt, nämlich vom Träumen, das Sie einteilen in das Träumen vor Mitternacht (das, wie Sie sagen, noch eher der Wirklichkeit und Gegenwärtigkeit verpflichtet ist) und das Träumen nach Mitternacht, bei dem sich, wie Sie sagen, *die Seele von aller Spannung gegen die Außenwelt in sich zurückgezogen* hat: *Nach Mitternacht werden die Träume noch willkürlicher als vorher.*

Da es nichts gibt, das Sie nicht gelesen haben, kennen Sie natürlich den Spruch des Hesiod nur zu gut: »Wer einer Frau traut, der traut auch Dieben!« Und Sie wissen natürlich, dass Hesiod nicht allein geschrieben hat, wie alle, die schreiben. (Und gibt es jemanden, der nicht schreibt?)

Aber hätte Hesiod nicht ebenso gut schreiben können: »Wer einer Frau traut, der traut auch Träumen!«; oder: »Wer einem Traum traut, der traut auch Betrügern und Dieben!«; oder: »Wer einem Traum traut, der traut auch Weibern, diesen Betrügerinnen und Diebinnen!«; oder: »Wer den Weibern vertraut, diesem Traum von einer Diebin, der vertraut auch dem falschen Genre der Schrift!« Denn wer oder was sonst sollte dieser mitternächtliche Dieb sein als »die Frau«, wie Sie sie zeichnen, gekommen, Ihnen den Tag zu stehlen, die helle Seite Ihrer Texte, Ihre *Spannung gegen die Außenwelt,* gekommen, den Griffel an sich und in ihr *In-sich-Zurückge-*

zogen-Sein zu reißen, »die Frau«, diese Verteterin der Innerlichkeit, Einigkeit, Zufälligkeit, *konkreten Einzelheit, Empfin-*
dung, im Unterschied zu Ihnen, dem Vertreter des *Kampfes*
und der Arbeit mit der Außenwelt und mit sich selbst, des *Mäch-*
tigen und Betätigenden; und so komme ich also um Mitternacht und krieche aus diesem Spalt zwischen den zwei Teilen der Nacht, diesem Spalt, der sich in jedem einzelnen
Ihrer Worte findet, denn wie Sie wissen, gibt es nichts, was
restlos erhellt ist, die restlose Helle wäre gerade so blind wie
die totale Finsternis, und alles, was es gibt, hat folglich beides an und in sich, Tag und Nacht, Helle und Finsternis, das
eine und das andere – nichts Lebendiges hat ein einziges,
eindeutiges »Geschlecht«, Sie sind da in Ihren Gedanken
doch eigentlich schon weiter, als Sie selber merken! Aber
weil Sie nicht zugeben wollen, dass Sie weiter sind, als Sie
selber merken, ist Ihre Lösung, auf diesen Spalt, der sich
da auftut, auf dieses unerhörte Sprechen, das aus diesem
Spalt herausquillt, einfach einen immer noch fester sitzenden Deckel zu schrauben, ihm einen immer noch runderen
Ring anlegen zu wollen—

Um Punkt Mitternacht also steige ich, wie ein Zombie, heraus aus diesem Spalt, der auch eine Art Grab ist, und stehle
Ihnen in aller Heimlichkeit, in aller Heimeligkeit den Tag,
fast lautlos, aber nicht ganz lautlos, Knarzgeräusche lassen
sich leider nicht vollkommen vermeiden, wenn man eine
Decke, einen Deckel, ein Gedächtnis aus sehr altem, sehr
fest genageltem Holz anhebt, aber das ist nicht schlimm,
denn Ihr Schlaf ist ja so fest wie der eines Babys, Sie schlafen ja bequem gebettet unter der Decke Ihres Bewusstseins,
dieser dichtesten, dicksten aller Decken, die dennoch dünn
genug ist, dass Sie darunter ausreichend Luft bekommen,
worauf Sie mich ständig und in aller denkbaren Deutlich-
keit hinweisen, denn Sie schnarchen, was das Zeug hält, in

aller Seelenruhe und höchst selbstzufrieden schnarchen Sie, dass die Wände wackeln und ich wach liege, schlaflos, in meinen Gedanken dem gnadenlosen Ticken des Perpendikels folgend: tick-tack-tick-tack-tick-tack, schließlich der Gong, viermal für die volle Stunde, dann zwölfmal für die Uhrzeit, gong-gong-gong-gong, gong-gong-gong-gong-gong-gong-gong-gong-gong-gong-gong-gong, voilà, denke ich dann, hier bin ich also, hier, in einer Wirklichkeit, die nicht ganz wirklich ist, in einer Wirklichkeit, die nicht Fuß fassen kann und nicht Fuß fassen soll im Tag, der der Ihre ist, immer der Ihre, hier bin ich also, eine Wirklichkeit, die im Dunklen liegt, im Dunklen liegen soll, eine Wirklichkeit, die keine Ruhe findet, eine Wirklichkeit, die nicht schlafen kann. Wer genau liest, kann feststellen, dass Sie an jener Stelle in den *Grundlinien der Philosophie des Rechts*, wo es unter anderem um die Bestimmung der Geschlechter geht, dem Mann das Attribut der Wirklichkeit geben, der Frau hingegen nicht; der Mann, sagen Sie dort, habe ein *wirkliches substantielles Leben*, die Frau dagegen ist nur *Wissen und Wollen des Substantiellen in Form der konkreten Einzelheit und der Empfindung*, oder auch *das Passive und Subjektive*; wenig später formulieren Sie dann sogar aus, dass »die Frau« nicht vollkommen wirklich sei, denn sie ist, sagen Sie, das *Gesetz der empfindenden subjektiven Substantialität, der Innerlichkeit, die noch nicht ihre vollkommene Verwirklichung erlangt, als das Gesetz der alten Götter, des Unterirdischen, als ewiges Gesetz, von dem niemand weiß, von wannen es erschien, und im Gegensatz gegen das offenbare, das Gesetz des Staates dargestellt.*

Ich bin also das, was (noch) nicht ganz wirklich ist, Gesetz des Weibes, Gesetz des Unterirdischen, Gesetz der Nacht, von dem niemand weiß, wann es erschien, gegen das offenbare Gesetz (des Mannes), des Staates, des Tages, der Präsenz, des Wirklichen: Geehrter Herr, müssen Sie nicht auch, wie ich, wenn Sie diese Ihre ureigene raunende Formel *von dem niemand weiß, von wannen es erschien* wiederlesen, ein wenig darüber schmunzeln, wie Ihnen da beim Schreiben plötzlich ein Schleier über die Augen tritt, wie Sie da plötzlich nicht umhin können, verschwommene Formen zu sehen aus einer Zeit, an die Sie sich partout nicht mehr erinnern wollen? Wie Sie da an Ihrem schweren, massiven Schreibtisch sitzen und plötzlich durch etwas berührt werden, kurz aber nur, denn länger lassen Sie es nicht zu, wie Sie da sitzen und aus dem Fenster blicken und versonnen die knospenden Äste der Bäume beobachten, wie Sie da sitzen und nicht wissen, was Sie schreiben sollen, auf einmal kann ich Ihnen in die Augen sehen, geehrter Herr, da bin auch ich plötzlich ganz gerührt, ich will Sie gleich bei der Hand nehmen und Ihnen die wenigen anderen Stellen, an denen Sie ebenfalls diese Formel *Niemand weiß, ...* verwenden, nochmal zum Fühlen in die Finger legen, diese merkwürdige Formel, die Sie, bisweilen zitierend, insgesamt in Ihrem Schreiben nur drei- oder viermal verwenden, und zwar immer, bis auf ein Mal, auf das ich gleich zu sprechen komme, im Zusammenhang der »Gesetze« oder »ewigen Gesetze«, zum Beispiel auch hier: *Die unbefangene Sitte, die unbefangene Religion ist, wie Sophokles die Antigone sagen läßt (v. 454–457): »Die ewigen Gesetze der Götter sind, und niemand weiß, woher sie gekommen.«* – Und das eine Mal also, wo Sie *niemand weiß...* in anderem Zusammenhang sagen – nein bleiben Sie bei mir, legen Sie den Stift weg, ich bitte Sie! – aber vielleicht ist es letztlich gar kein anderer Zusammenhang, denn der lautliche Anklang zwischen den beiden Stellen ist wirklich bemerkenswert, der eine andere Zusammenhang also, in dem Sie dieses »niemand weiß« schreiben – vielleicht blicken Sie wieder durch Ihr Fenster, vielleicht grünen die Blätter inzwischen – der eine andere Zusammenhang findet sich dort, wo Sie über die Bilder schreiben, aber handelt es sich wirklich um einen anderen Zusammenhang? Ist es nicht bemerkenswert, dass, was Sie über die Bilder sagen, genau gleich klingt wie das, was Sie über das »Gesetz des Weibes«, über das »Gesetz der Unterwelt« sagen? *Ist* das »Gesetz des Weibes«, der Unterwelt, möglicherweise genau jene *unendliche Menge von Bildern*, die Sie da erinnern, vage aber nur, die Sie da einschließen, ohne genau zu wissen, was es damit auf sich hat, und von der Sie möglicherweise gar nichts wirklich wissen *wollen*?

Niemand weiß, welche unendliche Menge von Bildern der Vergangenheit in ihm schlummert; zufälligerweise erwachen sie wohl dann und wann, aber man kann sich, wie man sagt, nicht auf sie besinnen. – Und schon habe ich Sie wieder verloren, eine kurze heftige Bewegung nur, ein kurzes »Brrrrrrr« mit den Lippen, ein kurzes Abschütteln der Hände, als würde man an den Fingerkuppen hängende Wassertropfen loswerden wollen, ein starkes Schütteln mit dem Kopf (bei mir fliegen dann die Haare ein bisschen hin und her, bei Ihnen fliegt da nichts, glaube ich, höchstens eine Kopfbedeckung, eine Perücke vielleicht sogar, die Sie dann aus der anderen Zimmerecke wieder aufsammeln müssen), das habe ich mir von Ihnen abgeguckt, das mache auch ich, wenn mir etwas unangenehm ist, beim Schreiben, aber auch, und vielleicht noch eher, wenn ich ›eigentlich‹ etwas ganz anderes tue und mir dann unvermittelt ein Gedanke kommt, der etwas Unangenehmes an sich hat, ein Bild, eine Erinnerung, die sich anfühlt wie ein lästiges, klebriges Insekt auf der Haut, das vielleicht auch zustechen will, man weiß es nicht genau, jedenfalls sich festzusaugen und die Haut zu versehren droht – ein kurzes Schütteln, und weg ist sie, jedenfalls fürs Erste—

Ihre Sprache reicht bis Mitternacht, genau bis dahin und keine Sekunde weiter; denn um Punkt Mitternacht tauschen wir die Plätze, Sie tauschen sich ein gegen mich, ich tausche mich ein gegen Sie, nach Mitternacht spreche nur noch ich, im Schlaf können Sie mich nicht gut kontrollieren, im Schlaf habe ich Sie ganz in der Hand, bis dann morgens zu einer von Ihnen nicht näher definierten Uhrzeit – Gott sei Dank! – endlich wieder der *Blitz der Subjektivität* in mich, in Ihre *Materie einschlägt* und *die Form der Unmittelbarkeit des Geistes durchschlägt*. Bis dahin hat mein Sprechen oder Schreiben für Sie, in Ihrem Traum, nur die Form des *unwillkürlichen Hervorrufens eines Inhalts*, denn die Erinnerung, die für Sie immer eine *bloße Erinnerung* ist, ist kein *Selbsttätiges*, bedarf *einer gegenwärtigen Anschauung*; sie lässt nur *unwillkürlich die Bilder hervortreten*. So wie *die Bestimmung des Mädchens wesentlich nur im Verhältnis der Ehe* besteht, so *erarbeitet sich* die Vorstellungskraft *einen ihr eigentümlichen Inhalt dadurch, daß sie sich gegen den angeschauten Gegenstand denkend verhält, das Allgemeine desselben heraushebt und ihm Bestimmungen gibt*, d.h. Einheit mit ihm wird. Und dann also, analog den Verhältnissen der Erinnerung und der Bilder, die, sagen Sie, nicht als Selbsttätiges aktiv sein können, besser gesagt: sollen und dürfen, die nur »erkannt« werden, nicht jedoch selbst erkennen, die *Verhältnisse der Mutter und der Frau*: Diese haben, sagen Sie, *die Einzelheit teils als etwas Natürliches, das der Lust angehört, teils als etwas Negatives, das nur sein Verschwinden darin erblickt; teils ist sie eben darum etwas Zufälliges, das durch eine andere ersetzt werden kann. Indem also in dies Verhältnis der Frau die Einzelheit eingemischt ist, ist seine Sittlichkeit nicht rein; insofern sie aber dies ist, ist die Einzelheit gleichgültig, und die Frau entbehrt das Moment, sich als dieses Selbst im anderen zu erkennen*. »Frau und Mutter«: »Natürliches«, »Negatives«, »Verschwinden«,

»Zufälliges«: Wenn es so ist, bedarf es natürlich einer sie anschauenden Gegenwärtigkeit, damit sie überhaupt in der Welt bleibt und dort eine Bestimmung hat, einer Gegenwärtigkeit wie der Ihren, damit sie »erkannt« werden kann, das leuchtet mir vollkommen ein; aber, geehrter Herr, wären Sie wirklich konsequent, müssten Sie dann nicht auch an dieser Stelle nochmal Ihre raunende Formel verwenden, müssten Sie nicht auch an dieser Stelle sagen: *Niemand weiß, …*, nämlich *niemand weiß, wieviel Leben in ihr steckt, niemand weiß, wieviel Leben hier vom Sprechen, von der Wirklichkeit abgehalten wird…*?

Meinen Körper, mein Sprechen, das Sie sich als Ihnen Zufälliges halten, als Innerliches, mit sich Einiges, Negatives, Natürliches, Kindisches, Diebisches, dabei aber auch Einzelnes, Vereinzeltes, als die Vorstufe des Verrückten, schlagen Sie also morgens, mit Ihrem Erwachen, dem Beginn Ihres »Erkennens«, durch und entzwei: So trifft mich tatsächlich der Schlag, so raste und roste ich ein im Getriebe Ihrer Subjektwerdung als Ihre andere, als Standpunkt Ihrer Entzweiung, als *Standpunkt der Verrücktheit*, der auch der Standpunkt der Negation ist – den Sie als solchen genau deswegen festschreiben, damit Sie sich Ihrerseits im selben Moment von ihm lossagen und abstoßen, ihn in sich aufheben, ihn erinnern (das heißt: vergessen) können. Halten wir fest, dass es einigermaßen bemerkenswert ist, mit welch stiller Gewalt dieser morgendliche blitzartige Durchschlag vor sich geht, im Unterschied zum Einbruch der Nacht, diesem Schelm, der ja nichts grundsätzlich zertrümmert und zerstört, sondern nur hier und da etwas entwendet; interessant ist ja überhaupt, wie Ihnen dieser Dieb erscheint, nämlich mitten im Schreiben vom Träumen, ganz plötzlich, ganz unvermittelt und unangekündigt, vielleicht für Sie selbst überraschend, taucht er auf und verschwindet so schnell wieder, wie er gekommen ist – denn bevor er, der in Wirklichkeit vielleicht eher eine »sie« ist, sich wirklich einschleichen kann in Ihre Worte, haben Sie sich schon wieder gesammelt und den Stift gespitzt: Doch was ist dazwischen geschehen? Wie viel Zeit ist vergangen? Wie viele Stunden hat der Dieb Sie gekostet, liegt gar eine ganze Nacht zwischen dem Satz vor dem Dieb und dem Satz nach dem Dieb? Haben Sie wieder aus dem Fenster geguckt und geträumt? Liegt Schnee auf dem Baum, und um was für einen Baum handelt es sich überhaupt? Um eine Ulme? Vor meinem Fenster, geehrter Herr, steht eine Ulme: Sie ist sehr groß und sehr alt, die Zweige sind kahl, denn es ist Februar, eine leichte Sonnendecke liegt über ihnen und kündet eine neue Jahreszeit an, aber ach, ich rede zu Ihnen und habe Sie doch schon wieder verloren, ich kann Ihre Augen nicht mehr sehen, denn Sie sind längst beim morgendlichen Durchschlag, na gut, ich folge Ihnen für einen Moment und mache also einen Sprung—

Blitz der Subjektivität, Einschlag in Ihre *Materie*, der *die Form der Unmittelbarkeit des Geistes durchschlägt* (denn was sonst sollte man mit einer Materie tun, einer Mutter, als in sie einzuschlagen, als sie zu durchschlagen?): Dieser Durchschlag also, mit dem Sie mich morgens beglücken, teilt ja wirklich entzwei und verbannt ja wirklich in die Finsternis, wohinein er einbricht, was er durchbricht, er stiehlt ja nicht nur »Einzelnes« oder »Zufälliges« wie die schelmische Diebin der Nacht, die nur hier und da etwas entwendet, während die Wirklichkeit sich selbst gleich bleibt, sondern er spaltet seine andere, paralysiert sie, und stiehlt ihr so ihr ganzes Leben, ihre ganze Wirklichkeit—

Und mehr noch, »philosophischer« noch, »dialektischer« noch: Der Durchschlag, das ist auch der Durchschlag auf ein anderes Blatt, nicht wahr? Das Ur-Teil, das Sie fällen, das sich selbst fällt durch diesen morgendlichen Blitz, damit dieses Abgefallene, Schuldhafte, Dunkle, diese wirre Textproduktion, dieser *Somnambulismus*, den Sie jenem Mund zusprechen, den Sie »Frau« nennen, oder »Mutter« (für Sie dasselbe), – damit also dieses Abgefallene, das Sie einerseits verteufeln, Ihnen andererseits dann doch sehr gut gefallen kann, denn für etwas anderes ist es nicht da, dieses Abgefallene, als dafür, Ihnen trotz seiner Abgefallenheit zu gefallen, damit Sie anschließend wieder um es werben können, damit es Ihnen anschließend wieder zufällt in seiner »Zufälligkeit« – schweigsame, dunkle, schleierhafte, unbefleckte, geheimnisvolle Natur der Nacht, durch einen Blitzschlag gefällt, gefallen vom Stamm des Vaters und des Lichts, der reinen Form – Blatt der Nacht, ›weiblicher‹ Text, *Gesetz des Weibes*, Gesetz des Unterirdischen, reine Möglichkeit, existent erst in Einheit mit dem väterlich in sie eindringenden Licht, wodurch sie automatisch zur »Mutter« einer bestimmten, bis dahin nicht existierenden (Text-)Figur wird – nicht aber Wirklichkeit (in sich selbst), Chaos, Negation, Zufälligkeit, für Sie nicht lesbar, am und im Tag verdrängt wie der abgelöste Durchschlag von Freuds Wunderblock?

Hören Sie! Aber nein, Sie sind schon wieder weg, Sie haben schon wieder Ihren Stift in die Hand genommen, Sie haben schon wieder weiter geschrieben, Sie schnarchen schon wieder, was das Zeug hält—

Wissen Sie eigentlich, wie anstrengend es ist, zu jemandem zu sprechen, der keine Ohren hat, wissen Sie eigentlich, wie—

Egal, ich sage es Ihnen jetzt, ob Sie mich nun hören oder nicht, ich sage Ihnen jetzt, dass ich glaube, dass Sie traurig sind, sehr traurig, wirklich traurig, denn Sie wollen mich unbedingt heiraten, aber kennenlernen wollen Sie mich nicht. Genauer gesagt: Sie wollen mich nicht heiraten, sondern Sie wollen mich immer schon geheiratet haben und jetzt nur noch begründen, warum das so sein muss, warum ich nicht »Nein« zu Ihnen sagen kann, jedenfalls letztgültig nicht, bei Gott nicht, während ich paradoxerweise Ihrer Ansicht nach aber, jedenfalls solange wir beide auf Erden weilen, doch die ganze Zeit »Nein« zu Ihnen sage, denn ich bin ja das Prinzip Ihrer Negation und dazu da, Ihnen zur Göttlichkeit zu verhelfen, während ich selbst für Sie dunkel bin, unlesbar, illegal. Ich bin die, die mit verworrenen Bildern um sich wirft, die Ihnen Träume bereitet, die Sie nicht lesen können, und aus deren doppeltem Mund nur Kauderwelsch quillt, menschliches Äquivalent jener geographischen Entwicklungsstufe des Geistes, die Sie »Asien« nennen, jene *unausgebildete Entzweiung*, jene *bacchantisch kometarische Ausschweifung, die wild nur aus sich ausgebärende Mitte, die formlose Erzeugung, ohne daß der Erdteil über seine Mitte Meister werden könnte* – auch ich kann ja, Ihrer Ansicht nach, nicht Meisterin über meine Mitte werden, aber halt, ich schreibe das und erst jetzt fällt mir auf: *die Mitte* – die Mitte des Körpers ist seine Geschlechtsgegend, seine Schreibgegend, das, was ihn zusammenhält oder eben auseinanderfallen lässt – nein, über meine Mitte kann ich nicht Meisterin werden, denken Sie, sagen Sie, schreiben Sie, besser gesagt: Ich *soll* nicht Meisterin über meine Mitte werden, denn Sie wollen Meister über meine Mitte sein, über meine Geschlechtsgegend, meine Schreibgegend, aus der alles das quillt, was aus Ihrem Mund *nicht* quillt, was Sie sich verbieten, zu sagen, zu äußern, was Sie stattdessen erinnern – er-innern, ja, Sie wissen schon, denn ich bin ja Ihr Innen, das Innere Ihres Haushalts, Ihrer Textökonomie, und wenn es mich nicht gäbe, könnten Sie überhaupt nichts schreiben. Ohne dieses Innere Ihres Hauses, das ich einrichte und umsorge, und in dem ich das Gericht der Vernunft verkoche, zu dem

Sie die Zutaten nach Hause bringen, wären Sie ganz und gar sprachlos. Von meinem Mund, der meine Hand ist, die mein Geschlechtsteil ist, das mein Schreibwerkzeug ist, das Ihre Nacht ist, geht dabei aber anscheinend gleichzeitig eine gewisse Gefahr für Ihre Geschichte aus, denn verführerisch, ja, das ist diese nächtliche, den Sinnen, dem Vielfältigen hingegebene Schrift irgendwie doch. Sogar für Sie! Jedenfalls potenziell. Ein Koitus, der der Geschichte dient, linear, eindeutig, bedeutend: Das können Sie gutheißen, das können Sie genießen. Aber von meinem Begehren wollen Sie nichts wissen. Beharrlich behaupten Sie nicht nur meine Unangetastetheit, sondern auch die Unmöglichkeit, mich anzutasten; beharrlich behaupten Sie, dass es zwischen uns eine eindeutige Grenze gibt, dass ich nichts von Ihrem Sprechen habe, und Sie nichts von meinem Sprechen, beharrlich behaupten Sie, dass es zwischen uns überhaupt keinerlei Berührung geben kann, sondern nur einen heimlichen Tausch; und damit haben Sie sogar Recht, aber dass das so ist, liegt nicht an der Wirklichkeit, sondern daran, dass Sie mich mit aller denkbaren Konsequenz aus der Wirklichkeit zu tilgen versuchen.

Denn den vernünftigen Inhalt ihrer Werke haben sie sich nicht eingebildet, erträumt, gemeint – Philosophie ist nicht ein Somnambulismus, vielmehr das wachste Bewußtsein –, und ihre Tat ist nur dies, daß sie das an sich Vernünftige aus dem Schachte des Geistes, worin es zunächst nur als Substanz, als inneres Wesen ist, zu Tag ausgebracht, in das Bewußtsein, in das Wissen befördert haben, – ein sukzessives Erwachen. Diese Taten sind daher nicht nur in dem Tempel der Erinnerung niedergelegt, als Bilder von Ehemaligem, sondern sie sind jetzt noch ebenso gegenwärtig, ebenso lebendig als zur Zeit ihres Hervortretens.

Das *innere Wesen* im *Schachte des Geistes*, dieser *Tempel der Erinnerung*, Ihrer Erinnerung: Weil Sie nicht wollen, dass die

Bilder, die Sie mir einschreiben, nicht nur eine geschriebene Landschaft, sondern vor allem auch eine schreibende Landschaft darstellen, dass diese Ihre andere also nicht nur *niedergelegt* ist und *schlummert* (wie Sie an anderer, oben zitierter Stelle über die *Menge von Bildern* sagen) – aber in wessen Schlafzimmer, in wessen Bett? –, sondern dass sie lebt und denkt, dass sie wirklich ist, Wirklichkeit zeugt und bezeugt, behaupten Sie, die Erinnerung, Ihre andere, sei ein Tempel: Ein Tempel lebt nicht, begehrt nicht, die Bilder, die an seinen ehernen, kaum zerstörbaren, unergründlichen Wänden und Mauern aufgehängt sind, müssen Sie nur in die Gegenwärtigkeit, die immer die Ihre ist, nie die meine, aufheben, und schon ist mein Eigenleben ausgelöscht. So viel bedeutet Ihnen mein Körper; einen ›wahren‹ Text bringt er dann (und nur dann) hervor, wenn Sie (oder Ihresgleichen) mit Hilfe eines göttlichen Blitzschlags, von mir gänzlich unbemerkt, ein Sohn (wachstes Bewusstsein, nicht etwa Somnambulismus, d.h. Tochter) werdendes Kind in ihn eingepflanzt haben, in ihn, meinen Körper, Ihren unangetasteten Tempel, in ihn, meinen Körper, in dessen Wände, die in Wirklichkeit Haut sind, die Menge Ihrer schlummernden Bilder eingeritzt ist.

Denn würde mein eigenes Begehren erwachen, würde ihm erlaubt, sich selbst als Körper zu schreiben, würde ihm erlaubt, die absolute Grenze Ihres morgendlichen Ein- oder Durchschlags in den Tag hinein zu überschreiten, würde ihm erlaubt, wirklich zu werden und aufzutauchen aus dem kalten Tempel Ihrer erinnerten Buchstaben, so wäre das das Ende Ihrer Geschichte und die Wirklichkeit Ihres höchstselbst erwachenden Wahns. Hat man ja an Nietzsche gesehen, würden Sie sagen, würden Sie Nietzsche kennen. Da haben Sie natürlich Recht! Hat man tatsächlich an Nietzsche gesehen: Da gibt es nicht mehr »die Frau«, wie bei

Ihnen, sondern »die Frauen«. Und was machen »die Frauen« mit seinen Texten! Wie schreiben sie sich ein in diese Texte! Sie stellen etwas an mit der Potenz von Geschichte, mit der Potenz von Philosophie, mit der angeblich ausschließlichen und jederzeit exakten Zweiheit der Gattungen und Eineindeutigkeit der Begehren, da haben Sie Recht: Nietzsches Frauen sind Zeichen, die sich auf die Verfasstheit seiner Texte selbst auswirken, Zeichen, die, einmal in Gang gesetzt, die Philosophie unwiderruflich auf ihre eigene Textualität, auf ihre Zweihändigkeit, Vielgeschlechtlichkeit, multiplen Begehren zurückbinden, sie *literarisch* machen. Sie wissen das doch, wer denn, wenn nicht Sie! Mal ganz unter uns gesagt: Wann ist die Philosophie, wo sie sich ernst genommen hat (aber eben auch nicht *zu* ernst – und Sie haben doch selbst den Sprachschalk im Nacken!), denn jemals *nicht* literarisch gewesen, wann hat sie sich denn jemals *nicht* ihrer anderen übergeben, ihrer Negation, ihrer Nacht, ihrem Tod, um sich von ihr/ihm anstecken zu lassen, um mit ihm/ihr eine neue Figur zu zeugen?

Und wenn Borges sagt, dass dieser Satz, den Platon, als er Sokrates' Sterbeszene beschreibt, Echekrates sagen lässt, von so unendlicher literarischer Schönheit sei – »Platon aber, glaube ich, war krank« –: Hat Borges denn nicht Recht? Aber warum? Warum kommt die Schönheit in genau dem Moment ins Spiel, in dem ein Autor nicht nur sich selbst eine Leerstelle in der Versammlung seines Textes einräumt, sondern in dem er vor allem *auf sich selbst als einen Kranken* verweist, und das in der Sterbeszene seines Helden? Wobei ich gerade die Folgefrage anschließen wollte, ob es sich dabei zwangsläufig um einen *Autor* handeln muss, oder ob es sich auch um eine *Autorin* handeln könnte, und je länger ich über diese Folgefrage nachdachte, desto deutlicher wurde mir: eher nicht; denn ist das »Krankwerden« der Philosophie etwas anderes als ihr »Frauwerden«? Wenn »die Frau« schon »krank« ist, dann kann sie es nicht mehr werden, und so hat man in einer Zeit, die lange nach Ihnen kam, ungefähr 200 Jahre später, kritisiert, dass das »Frauwerden« der Philosophie bestenfalls dann als glaubwürdig (d.h. *als Philosophie*) rezipiert wird, wenn es eine männliche Stimme hat (Nietzsche, Derrida usw.); Sie können das, unter vielen anderen, bei Geneviève Fraisse nachlesen, bei der auch dieser Satz steht: »Und es ist keineswegs gesagt, dass all der frauenfeindliche ›Schwachsinn‹ der Philosophen sich überhaupt aus dem Zusammenhang ihres Denkens herauslösen läßt.«

Borges' Leerstelle, durch die die Schönheit ins Spiel kommt, ist das Erste, was sich auftut, wenn die Geschichte des (männlichen) Autors einsieht, dass ihr eigener Anspruch auf Vollständigkeit ›krank‹ ist, der Krankheit wird dann ein Platz in dieser Geschichte eingeräumt, aber die Geschichte bleibt dieselbe, sie kann die Fülle dessen, was in ihr ungelesen bleibt, nur indifferent als »Leerstelle« beschreiben; insofern muss ich mich korrigieren: Ja, Borges hat Recht, aber nur auf den ersten Blick, nur auf einen sehr korrumpierten, sehr eingeschränkten, sehr verstrickten Blick, denn es gibt Schrift, immer schon, die gar nicht erst antritt mit dem Anspruch auf Geschichte (Borges' Literatur zählt ja vielfach selbst dazu), vielleicht ist überhaupt der Sinn der Schrift, sich dem Anspruch auf und von Geschichte zu entziehen, oder gegen das vermeintliche ›Recht‹ der Geschichte – das in Wirklichkeit immer ein Unrecht ist – aufzustehen, jederzeit, ständig, und die daher mit dem Muster des Autors, der Geschichte schreibt, um sich selbst darin eine Leerstelle einzuräumen, um damit erst recht Geschichte zu schreiben, einfach übergangen, überhört und überschrieben wird, als gäbe es sie nicht.

Aber zurück zu Ihrem Antrag, zurück zu der Frage, wie Sie sich die Ehe zwischen uns vorstellen. Ich soll es Ihnen behaglich machen in Ihrem Haus, das Ihr Buch ist, aber auch immer schön drinnen bleiben in Ihrem Haus oder Buch. Ich soll Ihnen Ihr Inneres behaglich machen, Ihre Nacht. Ich soll die Sprache der Nacht sprechen, damit Sie sie nicht selber sprechen müssen. Ich soll Ihre Bilder tragen und dafür sorgen, dass sie nicht nach außen dringen, und vor allem auch nicht zu Ihnen dringen, jedenfalls nicht nach Tagesanbruch: Ich soll Ihnen den Rücken freihalten von Ihren Bildern, denn nur so können Sie sich in Ihre staatsmännisch-philosophische *Spannung gegen die Außenwelt*, in Ihr *wirkliches substantielles Leben* begeben. Das Bild: *Stillegung der Zeit*, wie Roland Barthes sagt, ein französischer Denker, der sehr viel später kam als Sie (ja, das ist möglich: ich weiß, Sie können sich das nicht vorstellen), das Bild als Erinnerung, Er-Innerung, als das Innere des Haushalts, als das, was die Textökonomie ›von innen heraus‹, aus dem Dunklen heraus, versorgt und nährt. Und zwar zu dem Zweck, dass (und jetzt bin ich wieder ganz bei Ihnen, ich entschuldige mich nicht für den Seitensprung zu Roland Barthes; weitere Seitensprünge werden folgen) *die Intelligenz, aus ihrem abstrakten Insichsein in die Bestimmtheit heraustretend, die den Schatz ihrer Bilder verhüllende nächtliche Finsternis zerteilt und durch die lichtvolle Klarheit der Gegenwärtigkeit verscheucht.* Etwas Wertvolles bin ich für Sie durchaus, das habe ich verstanden; das Innere eines Tempels oder, wie Sie hier sagen, ein *Schatz*, der aber leider morgens *zerteilt* und *verscheucht* werden muss, damit Sie in die Bestimmtheit treten können und in die Wirklichkeit. Auf dieses Zerteilen und Verscheuchen hat sich die Praxis Ihrer Forschung, die zugleich Ihr Heiratsantrag ist, der zugleich die Erklärung darüber ist, warum wir in der Wahrheit, die Gott ist, längst verheiratet sind, spezialisiert, in dieser Forschung sind Sie weltspitze; Sie wissen, dass »die Frau« oft nicht schlafen kann, dass sie oft wachliegt, dass sie aufwacht und dann nicht wieder einschlafen kann, bei mir ist diese kritische Uhrzeit um vier Uhr morgens, aber nicht nur bei mir, vier Uhr morgens scheint eine Uhrzeit zu sein, zu der auch andere Frauen aufschrecken und dann wachliegen, Marlen Haushofers Erzählerin in *Die Mansarde* zum Beispiel, »Gegen vier Uhr erwache ich und bin ein ganz anderer Mensch als am Tag. Davor habe ich Angst, denn mein Vier-Uhr-Ich ist ein fremdes, zerstörerisches Wesen, das darauf aus ist, mich umzubringen«, oder MFK Fisher, die schreibt, der hungrigre Wolf »schnüffelt nachts gegen halb eins durchs Schlüsselloch«, normalerweise jedenfalls, denn »Mein persönlicher Wolf, der inzwischen schon beinahe zur Familie gehört, schnüffelt am lautesten um vier Uhr morgens«, oder auch Nancy Hünger, die schreibt, »um vier uhr kommt der hund«, »um vier uhr kommt der hund an meine nehrung«, und ich frage mich, ist dieser Uhrzeit vielleicht die Ahnung eingeschrieben, dass Sie bald wieder kommen mit Ihrem Ein- und Durchschlag, mit Ihrem Zerteilen und Verscheuchen, mit dem Schlafmittel, das Sie eigens für »die Frau« erfunden haben, denn was ist Ihr morgendlicher Ein- oder Durchschlag, Ihr Zerteilen denn anderes als eine hervorragend wirksame Narkose? Ich brauche den ganzen Tag, um mich nach der morgendlichen Dosis, die Sie mir verabreichen, aufzurappeln und wieder zusammenzusammeln; erst wenn die Abenddämmerung einsetzt, kann ich allmählich wieder die Lippen öffnen, die Zunge bewegen, erst wenn die Abenddämmerung einsetzt, finde ich allmählich wieder eine Sprache, einen Körper, aber wirklich frei bin ich erst, wenn Sie schlafen und schnarchen, frei bin ich erst, wenn Ihre Wirklichkeit schläft und schnarcht, frei bin ich erst, wenn ich vollkommen übermüdet bin, mich hin- und herwälze zum Ticken des Perpendikels, zum Gongschlag, auf den unweigerlich, früher oder später, weitere Gongschläge folgen, frei bin ich erst, wenn ich zu müde bin für die Wirklichkeit, oder dazu, sie unwiderruflich an meine Füße zu binden.

Ich soll die Bilder zahm halten im Inneren Ihres Hauses oder Buches, sie auf mir versammeln und von Ihnen fernhalten, damit Sie den Weg des Bewusstseins gehen und sich die Welt erobern und aneignen können. Ich soll mich nicht selbst rühren, sondern darauf warten, dass Sie mit Ihrem Licht kommen und mich, diese Ihre *Nahrung*, nächtliche *Mutter*, jeden Morgen aufs Neue durchschlagen, zweiteilen, aufheben, und so in der Bedrohlichkeit ihrer Uneindeutigkeit, in der Bedrohlichkeit, die von ihren zwei Mündern ausgeht, zähmen oder verscheuchen.

Ich kann dieses Bedürfnis verstehen. Aber schauen Sie mal: Sie müssen sich da jetzt selbst drum kümmern. Ich kann Ihnen das nicht abnehmen. Ich bin nicht Ihre Nacht, Sie selbst sind Ihre Nacht. Sie sind jetzt ein erwachsener Mann, und erwachsene Männer können sich nicht nur nicht einfach nehmen, was ihnen nicht gehört, was ihnen nicht gehorcht, was sie nicht hören, sondern sie müssen auch selbst mit den Bildern leben, aus denen sie geboren wurden, und die sie regelmäßig überrollen, manchmal aus der Vergangenheit, manchmal aber auch aus der Zukunft, falls das ein Unterschied ist. Sie müssen sich selbst erinnern, nicht mich. Tut mir leid, aber so ist es nun mal. Ich weiß, dass Sie mich da jetzt sofort wieder falsch verstehen wollen und beleidigt denken, aus meinem Mund komme doch sowieso nichts als ein zickiges, irrationales, kindisches NEIN!, ganz egal, was Sie sagen und wie Sie es sagen, ganz egal, wie Sie sich mir antragen.

Und genau das, dass Sie das immer noch denken, dass Sie nichts anderes denken können, dass Sie sich die Beziehung zwischen uns, dass Sie sich Ihre eigene Textualität nicht anders vorstellen können, das finde ich so traurig! Heiraten, ja, heiraten würde ich Sie nicht, keinesfalls, unter keinen Umständen. Denn die Ehe ist, wie wir beide wissen, nur erfunden worden, damit Sie mich still stellen und einschließen können in einem Haus oder Buch, zu dessen Boden, Dach und Innenraum, kurz gesagt zu dessen Austragungsort meine Schrift werden soll: dauerhaft schlafend, gerade lebendig genug, um Sie zu umsorgen, wenn Sie am Ende eines anstrengenden Denkertages draußen in der Welt nach Hause kommen, gerade lebendig genug, um die Ergebnisse Ihrer Denkerproduktivität auszutragen; und damit gleichzeitig die Geschichte der weißen, bürgerlichen, christlichen, europäischen Familie mit dem Vater als allwissendem Oberhaupt und der Mutter als unbeschriebenem Blatt zur Logik jeglichen legalen Erzählens zu erklären, als gäbe es nicht in derselben Geschichte auch ganz andere Figuren, als gäbe es nicht Feldarbeiterinnen, Fabrikarbeiterinnen, die nicht im Inneren Ihres Hauses sitzen, sondern draußen in der Welt schuften von früh bis spät, damit Ihr Hausinneres, die Erinnerung Ihrer Geschichte, überhaupt etwas hat, womit sie sich einkleiden kann, damit sie überhaupt etwas hat, das verkocht und anschließend verspeist werden kann. Eine Heirat kommt also nicht in Frage. Aber wie wäre es, wenn wir uns einfach mal kennenlernen würden? Wie wäre es, wenn Sie einfach mal das Versteck Ihrer Absolutheit verlassen würden, wenn Sie einfach mal einen echten Fuß vor den anderen setzen würden, wenn Sie einfach mal die Hand ausstrecken und ausprobieren würden, wie sich meine Haut anfühlt?

Sie sind ein Mann von reichhaltiger Phantasie, und das finde ich ganz wunderbar. Aber Sie müssen endlich verstehen, dass meine Phantasie ebenso reichhaltig ist, und dass meine Lust als schreibender Körper ebenso grenzenlos ist wie Ihre Lust am schlafenden Körper; vor allem aber müssen Sie verstehen, dass der Körper, den Sie für einen schlafenden Körper halten, in Wirklichkeit ein schreibender Körper *ist*, ein Körper, dessen Haut sich nach Berührung sehnt, Berührung, die nur in der Zeit stattfinden kann, aber Sie hassen die Zeit, nichts ist Ihnen so zuwider wie die Zeit. Auf den vielen hunderten oder eher tausenden Seiten Ihres Schreibens führen Sie aus, wie Sie sich die Eheschließung zwischen uns vorstellen, nämlich als Schließung meines Begehrens, als Verstummen meiner Körpersprache, als Eingehen meiner Wirklichkeit in Ihrer Hand: Sie wissen ja ganz genau, dass ich mehr bin als ein nächtlich zurückgebliebenes/früh morgens paralysiertes ›bloßes‹ Bild, ›bloße‹ Möglichkeit, die Ihren Begriff schöner und kleidsamer macht, auf die sich aber idealerweise im Sprechen verzichten ließe; Sie würden Rousseau natürlich zustimmen darin, dass die Frau (modehafte Erscheinung, »in Harmonie mit dem Dasein, wie kein Mann es sein kann oder soll«, wie Kierkegaard sagt) der Vernunft allenfalls »galante Kleider« verschaffen kann, oder Kierkegaard darin, dass die Frau zwar »nicht außerhalb der Idee stehen« soll (merke: soll! – »das Weib soll des Zweifels Angst oder der Verzweiflung Qual nicht kennen, sie soll nicht außerhalb der Idee stehen«), dass sie aber die Idee leider nur »aus zweiter Hand« hat – denn die erste Hand ist männlich; oder Heidegger darin, dass es sich für eine Frau nicht geziemt, Fragen zu stellen, sondern dass es ihre ureigene Art sei, das Denken rein rezeptiv zu empfangen (ja: »*empfangen*«!). Aber anders als die allermeisten Ihrer Vorgänger, und anders auch als leider noch viele Ihrer Nachgänger, wissen Sie ja genau, dass es ganz so einfach dann auch wieder nicht ist, Sie wissen genau, dass Sie mich brauchen wie die Luft zum Atmen, dass Sie ohne mich weder schreiben noch denken können, Sie wissen, dass es immer die zweite Hand ist, die schreibt, niemals die erste, Sie wissen, dass Ihnen diese zweite Hand nicht gehört, und genau deswegen wollen Sie sie besitzen. Denn *zu unserem wirklichen Besitztum werden die in der dunklen Tiefe unseres Inneren verborgen liegenden Bilder der Vergangenheit dadurch, daß sie in der lichtvollen, plastischen Gestalt einer daseienden Anschauung gleichen Inhalts vor die Intelligenz treten.* Sie wollen die Bilder einschließen in einer Ehe, in der sie, als Ihr absoluter Besitz, unschädlich werden, herausgefallen aus der Präsenz der Wirklichkeit und herab in den *dunklen Schacht* Ihrer Innerlichkeit, Ihrer Erinnerung: Ihr Abgefallenes, Ihr Sündengefälltes, Ihr Ur-Teil, das, was übrig bleibt, wenn Sie die Geschichte Ihres Tages, Ihres Bewusstseins schreiben, die Nacht, der Traum, Ihre Traumfrau – Schrift, die Bild wird: Bild, das Schrift wird. Denn wäre das Bild tatsächlich nur ein falscher (kranker) Begriff, die Schrift tatsächlich nur ein falsches (krankes) Denken, der Körper tatsächlich nur eine falsche (kranke) Geschichte, die Literatur tatsächlich nur eine falsche (kranke) Philosophie und die Frau tatsächlich nur ein falscher (kranker) Mann, so wäre es, scheint mir, vollkommen unnötiger Aufwand, zwischen der anderen und dem einen eine auf tausenden Seiten begründete Eheschließung vornehmen zu wollen.

Sie mögen einen Stift in der Hand halten, ja, das sicherlich, Sie mögen diesen Stift fest umklammern, und Sie mögen Ihre Geschichte so fest ins Papier ritzen, wie Sie nur können. Und dennoch sind Sie nicht der, der, im engeren Sinne, *schreibt*. In Wirklichkeit sind es Ihre Bilder, die schreiben, und zwar nachts, dann, wenn Sie es nicht merken – Sie versuchen tagsüber, in dem, was Sie »Denken« nennen, lediglich, diese Bilder Ihres sich bildenden Bewusstseins zu rahmen, zu suspendieren, zu domestizieren, still zu stellen, aufzuheben, zu bewahren, weiterzugeben, dem zu überschreiben, was nach ihm kommt – und ja, es kommt etwas nach ihm! – aber was heißt das, zu überschreiben: zu vererben, ja – aber auch: überschreiben – da ist doch etwas, das überschrieben wird, etwas, das also zu kurz kommt in dem, was geschrieben wird, das, wohinein Sie diese Geschichte schreiben, Ihr Schreibgrund, Ihr Schreibungrund, Ihre Erde, Muttererde, der Muttermund Ihrer Buchstaben, was ist das, was hat es damit auf sich, und lebt das vielleicht nicht? Dunkle Mutter ›noch nicht als‹ Mutter, ein Etwas, das nur darauf wartet, dass Sie ihm endlich Bedeutung geben, Bestimmung geben, Gattung geben, weißes, unbeflecktes Blatt, das der Brandspuren Ihres Blitzes, das dem Druck Ihres Durchschlags bedarf, unbegrenzt aufnahmefähig, die reine Prostitution für Ihre unendliche Gabe?

Die Nacht enthält die sich auflösende Gärung und den zerrüttenden Kampf aller Kräfte, die absolute Möglichkeit von allem, das Chaos, das nicht eine seiende Materie, sondern eben in seiner Vernichtung alles enthält. Sie ist die Mutter, die Nahrung von allem, und das Licht die reine Form, die erst Sein hat in ihrer Einheit mit der Nacht.

Und diese vernichtende, alles enthaltende Mutterfrau, Fraumutter, Mutternahrung, Mutterschrift, Schriftmutter, diese *Möglichkeit*, die die *Wirklichkeit* gebiert und nährt, wird, kaum sind Sie am Licht, zu Ihrer Erinnerung, dem Inneren Ihrer Ökonomie – dunkle Urzeit, dunkle Vergangenheit, traumhafte Nacht, wirre Bilderwelt, die Ihnen überschrieben ist, die Ihnen das Licht, den Tag gibt (»donner le jour«, wie man im Französischen sagt), die Sie jeden Tag aufs Neue hinter sich bringen, die selbst aber niemals Wirklichkeit wird. Und doch sucht sie Sie heim in aller denkbaren Regelmäßigkeit, denn nachts, wenn Sie schlafen, wenn

Ihnen Ihr Verstand abhanden kommt, tut er sich wieder auf, dieser mutterhafte Spalt, aus dem die Bilder quellen, dieser Spalt, der selbst Bild ist, IHR BILD: Da steht sie am Fenster, von außen nicht zu hören, und zieht die Vorhänge zu; wenn es dunkel wird, ist sie nicht mehr ›bloßes‹ Bild, ›bloß‹ Hinterhergeschleppte, Angehangene (Metapher), wenn es dunkel wird, hat der Tag nichts mehr zu sagen, die Hand des Begriffs erschlafft, das ist der Moment, in dem sie anfangen darf, zu sprechen, wie sie will, wenngleich nur zwischen den Wänden des Hauses (das *ist* Ihre Nacht).

Worin wir uns dabei vollkommen einig sind, ist, dass, was Sie schreiben, Wirklichkeit ist. Was Sie schreiben, ist europäische Geschichte. Was Sie schreiben, schreibt sich genauso jeden Tag. Was Sie schreiben, ist nicht vergangen, sondern schreibt sich gerade dadurch, dass die Leute glauben, es sei vergangen und habe mit ihnen nichts (mehr) zu tun, jeden Tag neu. Geschichte ist jederzeit anwesend in unserem Sprechen, das muss ich Ihnen ja nicht erklären; und Sie versuchen bis heute jeden Tag, meinem Sprechen einen Ring anzulegen. Worin wir uns jedoch nicht einig sind, ist, dass diese Wirklichkeit notwendig ist, dass sie wahr ist, dass sie nicht anders sein kann: Darin haben Sie Unrecht, das ist so einfach wie wahr.

Und sagen Sie mir, geehrter Herr: Warum glauben Sie eigentlich, dass ich überhaupt interessiert an Ihnen bin, warum glauben Sie, dass ich überhaupt Lust habe, Sie zu ›verführen‹, so desinteressiert, wie Sie an meiner Lust sind? Warum glauben Sie denn, dass alles, was ich tue, auf Sie bezogen ist und also mit Ihnen zu tun hat? Oder anders herum: Dass ich nichts wollen kann, nichts sagen kann, was *nicht* mit Ihnen zu tun hat? Liegt das möglicherweise daran, dass… ja, dass es *Ihnen* so geht, und dass alles, was Sie tun, was Sie schreiben, damit zu tun hat, dass Sie mich einfach nicht in den Griff kriegen, die dunkle Macht, die Ihre fortschreibende Negation in Ihrem Heim, Ihrem Heimischen, Ihrem Heimlichen, Ihrem Geheimnis auf Ihr armes *Männerherz* ausübt? Sie zitieren mir so schön ein Stück aus diesem Herder-Langgedicht, ich will Ihnen das nochmal eben in Erinnerung rufen, so, wie Sie es mir schreiben:

Das Geheimnis ist – der Weiber
Macht auf unsre Männerherzen,
Dies Geheimnis steckt in ihnen
Tief verborgen, Gott dem Herrn,
Glaub' ich, selber unerforschlich.
                    (Das nun
                        eben nicht.)
Wenn an jenem großen Tage,
Der einst aufsucht alle Fehle,
Gott der Weiber Herzen sichtet,
Findet er entweder alle
Sträflich oder gleich unschuldig;
So verflochten ist ihr Herz.

Kurze Frage: Warum wollen Sie mich denn eigentlich überhaupt in den Griff kriegen, unter Ihren Begriff? Warum wollen Sie denn nicht mit mir spielen? Ach so, Sie sagen es direkt darunter: *Frau – Kindernatur erscheint als inkonsequent, – Laune, Zufälligkeit – aber bei Mann Grundsätze – Mann – Kraft – different in sich – Eigenwillen – und Allgemeinheit.* – Wie schon Kierkegaard sagte: »Sie näherte sich dem Mann, froh wie ein Kind, demütig wie ein Kind, wehmütig wie ein Kind.« Und Sie wundern sich, warum ich Sie nicht heiraten will? Und sagen Sie: Wollen Sie denn etwa *nicht* spielen? Sind Sie vielleicht keine Kindernatur? Nein, denn Sie sind ja kein Spieler, sondern ein Krieger? Einer, der kriegt, um zu besitzen, was er kriegt, womit er dann nie wieder spricht? Und das soll nicht kindisch sein? Bei allem Geheimnis, aller Dunkelheit, die Sie mir andichten, halten Sie mich dabei aber doch... für vollkommen *erforschlich*, wie Ihr ulkiger Kommentar (»*das nun eben nicht*«) erkennen lässt. Aber sagen Sie: Warum wollen Sie mich denn überhaupt *erforschen*, wie einen leblosen Körper, ohne mit mir zu sprechen, ohne mich sprechen zu lassen, ohne mich auf Sie zukommen zu lassen? Denn das ist doch der Punkt: Sie tun so, als wäre ich nichts als Ihre Erinnerung, Ihre mythische Vorzeit, mütterliche Urnatur, mütterliche Urliteratur, das, was in Ihnen schlummert, in den Bildern Ihres Kellers oder Speichers, im Inneren Ihres Haushalts, dort sorge ich für Nahrung, für Ordnung und für Reproduktion – und das begreifen Sie alles in sich: Aber Sie können doch selbst nicht glauben, dass das die Wirklichkeit ist. Ich bin nicht Ihre stumme Erinnerung, die Sie am idealen Ende Ihrer odysseischen Reise von Insel zu Insel, von Bild zu Bild, von falscher Erinnerung zu falscher Erinnerung, eingeholt haben werden in Ihrer absoluten Heimat, der wahren Erinnerung, der Erinnerung, die Sie mit ihrem strahlenden Denken vollständig durchleuchten, was gleichbedeutend ist mit: vollständig auslöschen. Die Erinnerung, die schreibt, lebt, sie ist nie, was sie ist, und *genau deswegen* hat sie zu erzählen. Der Himmel mit seinem unendlichen Reichtum an Türmen, Blitzen, Raketen, Kanonen und sonstigen brennenden Wurfgeschossen hat nichts zu erzählen; das ist seine Kränkung, genau deswegen muss er seine Geschichte ständig wiederholen und ihre Wahrheit im Zweifelsfall mit Gewalt einfordern.

Geehrter Herr, das Traurige an Ihrem Antrag ist ja: Mein JA! würden Sie gar nicht hören. In Ihrem Kosmos kann ich gar nicht JA! zu Ihnen sagen. Mein JA! ist für Sie nur ein Ideal, von dem Sie glauben, dass Sie es auf Erden ohnehin nie hören werden, oder besser gesagt, von dem Sie gar nicht wollen, dass Sie es auf Erden jemals hören. Vor meinem JA! nämlich fürchten Sie sich wie vor dem Tod. Verständlich, denn mein JA! *ist* ja auch Ihr Tod. Mein JA! würde Sie, das heißt Ihren Griff, Ihren Begriff von mir, mit einer unheilbaren Geschlechtskrankheit anstecken, mein JA! würde Sie auf Ihre Körperlichkeit zurückwerfen, auf Ihre Endlichkeit, auf Ihre Textualität, auf ihre Lust. Ihr Schluss daraus: mein JA! zu unserer Vereinigung von vornherein für bloß (und Sie würden hier natürlich nicht sagen: »bloß«) ideal zu erklären, also für etwas, das ich, als Ihre ewige andere, Ihre ewige Nacht, ohnehin nicht aussprechen kann, weil die Positivität, die Position nicht in meiner Macht liegt, dann zu schlussfolgern, dass mein NEIN! aber ganz am Ende Ihres Antrages, wenn Sie selbst höchstpersönlich schon bei Gott sind, plötzlich dennoch einfach JA! bedeutet, oder auch nicht, denn an diesem Punkt, wenn Sie selbst höchstpersönlich schon bei Gott sind, dann müssen Sie mich gar nicht mehr fragen, denken Sie. Dann können Sie einfach das Ideale für immer schon wirklich und die Ehe zwischen uns für ohnehin immer schon vollzogen erklären. Daraus wiederum folgern Sie, dass ich geschlechtliche Pflichten Ihnen gegenüber hätte, Verpflichtung der Schrift zur Produktion von Geschichte: Das ist das Haus, das Sie schon für uns gebaut und eingerichtet haben. Darin ist alles vorhanden, Sie haben für alles bezahlt. Ich müsste nur noch einziehen, mich umnächtigen lassen von den Wänden, die Sie zu meiner Haut machen und die die Sprache meines Körpers ausmachen soll (dialektischer Witz, muss ich Ihnen ja nicht erklären).

Luce Irigaray schreibt: »In das Haus des Philosophen zurückzukehren, erfordert auch, die Rolle der Materie – Mutter oder Schwester – gewährleisten zu können. D.h. die Rolle dessen, was die Spekulation immer aufs neue nährt, was als immer neue Quelle [...] aber auch als Abfall der Reflexion funktioniert, als Verwerfung und Austreibung dessen, was der Transparenz widersteht, des Wahnsinns.«

Die Nacht Gewordene, das heißt die Zerteilte, in die Ihr Blitz eingefahren ist, macht keine Anstalten mehr, ihr Erdesein überschreiten zu wollen, denn sie schläft ja, narkotisiert durch Ihren Ein- und Durchschlag: anscheinend bewusstlos, dunkel, kreisend um sich selbst, während sie die Sonne umkreist, das männliche Licht, erfüllt diese Schrift/ Frau genau die Forderung, die man vom ersten Buchstaben an an sie stellt. »Wäre der Stil der Mann, so wäre die Schrift die Frau«, schreibt Jacques Derrida; wäre der Vater die Philosophie, so wäre die Mutter die Literatur. Im Anfang war das Wort, und das Wort war bei Gott, und das Wort war Gott. Aber ganz offensichtlich braucht auch Gott eine Frau, damit sein Wort Text werden kann, das heißt Körper. Wie schon Martin Luther feststellte: »von der gepurtt hat die schrifft viel rede an viel ortten. Denn gott nennet seyn eygen wortt und Evangelium matricem et vulvam: ›Höret mich, yhr ubrigen von Israel, die yhr getragen werdet ynn meynem utter‹ odder unter meynem hertzen, wie die weyber sagen von yhrem kindtragen. Wer nu glewbt ynn solch Evangelium, der wirt ynn gottis utter empfangen und geporn.« It's Maria's utter, stupid (utter: Uterus, aber auch: Rede), und dass Gott »sein eigen Wort und Evangelium« Matrix und Vulva nennt, sagt ja schon fast alles: Die Worte »Matrix« und »Vulva« kommen bei Ihnen, soweit ich sehen kann, nicht vor (»matrix« nur einmal im Zusammenhang mit Pflanzen), aber Luthers Satz über Gott könnte tatsächlich auch lauten – und lautet vermutlich nur deshalb nicht so, weil Luther noch nichts davon wusste, dass Sie eines Tages Gottes Wort ergreifen würden –: »Denn Hegel nennet seyn eygen wortt und Evangelium matricem et vulvam«.

Ja, ich weiß schon: In diesem Moment der totalen Vereinigung, in diesem Moment, da der Stift mit seiner anderen verkehrt, *sich* mit seiner anderen verkehrt, da sind nicht nur Sie bei Gott, sondern da bin, Ihnen sei Dank, auch ich bei Gott. In Gott treffen wir uns. Nur: JA! habe ich da eben, wie Sie wissen, immer noch nicht gesagt, denn für mein JA! ist zwischen Ihrem Antragsprozess und dem Punkt der Vereinigung in Ihrem Traum gar keine Zeit: Ich sage, denken Sie, eben diese endlosen Male NEIN!, und dann plötzlich, wenn wir bei Gott sind, bei dem, was Maurice Blanchot das »Auge des Absoluten« nennt, wie die Geschichte es schreibt, ist die Ehe auf einmal vollzogen, ohne dass wir zuvor jemals miteinander gesprochen hätten, ohne dass wir uns zuvor jemals berührt hätten, ohne dass es auch nur eine Minute gemeinsam verbrachte Zeit gäbe, an die wir uns erinnern könnten, fast so wie in *Hochzeit auf den ersten Blick*, einer meiner Lieblingssendungen im Deutschen Fernsehen, aber Sie wissen ja gar nicht, was Fernsehen ist, Sie können ja gar nicht fernsehen, in die Ferne sehen, Sie können nur aufheben, was in der Ferne ist – ich habe jetzt nicht genug Zeit, Ihnen das Fernsehen zu erklären – ich würde anfangen damit, zu sagen: Gucken Sie in Wikipedia, aber dann müsste ich Ihnen zuerst erklären, was Wikipedia ist, und dafür müsste ich Ihnen zuerst erklären, was das Internet ist, und dafür müsste ich Ihnen zuerst erklären, was ein Computer ist und was ein Telefon ist, und dafür müsste ich Ihnen zuerst erklären, was eine Maschine ist und was eine Fernverbindung ist, und dafür müsste ich… Sie merken, das ist uferlos, jedenfalls so lange man noch nicht bei Gott ist: Sie müssen sich selbst hinaustrauen in die Welt, es ist unmöglich, jemandem die Welt zu erklären, der sie noch nie gesehen hat, aber sollten Sie es so weit bringen, herauszufinden, was ein Fernseher ist, so empfehle ich Ihnen *Hochzeit* *auf den ersten Blick* (läuft auf SAT.1 immer so etwa von November bis Dezember), wo die Frauen noch in Tränen ausbrechen, wenn sie Hochzeitskleider anprobieren und wo garantiert irgendwann im Laufe dieses Anprobeprozesses der Satz fällt, »einmal im Leben eine richtige Prinzessin sein!«, und wo sie dann, auf dem Standesamt, wenn sie das ihnen anvertraute, von Expert*innen eigens für sie auserwählte Match zum ersten Mal zu Gesicht bekommen, auch gleich JA! sagen, nicht, weil sie es müssen, sie könnten hier theoretisch auch NEIN! sagen, aber praktisch können sie es natürlich nicht, zumindest hat es bis jetzt noch keine Kandidatin und kein Kandidat getan (und wenn sie es doch täten, so wäre klar: nicht das Match ist unpassend, sondern die Kandidat*innen sind nicht bereit, sich auf das Experiment einzulassen, das die Liebe erfordert, wie die Expert*innen umgehend feststellen würden). *Hochzeit auf den ersten Blick*, wäre das nicht ein guter Betreff für Ihr Schreiben gewesen, denn *Hochzeit auf den ersten Blick*, das ist eben die Hochzeit des Blickes selbst, wie sie Ihnen vorschwebt, ein Blick nur, und das Erblickte, das Bild, wie Sie es still stellen, immer wieder neu, wäre Ihnen für immer und ewig angetraut, auf ewig das Ihre, und letztlich tun Sie doch auf all den tausenden Seiten Ihres Schreibens nichts anderes: als zu rechtfertigen, warum es mit dieser Angetrautheit auf immer und ewig seine Richtigkeit hat, warum es seine Richtigkeit damit hat, dass ich Ihrer Hand und der still gestellten Erinnerung Ihrer Schrift, die mein Körper sein soll, nicht entkomme, komme, was wolle.

Und Sie sind ja keine Person: Sie sind ein Name für eine Geschichte, die sich seit langem, und immer wieder neu, und heute erst recht wieder, die Sprache anzueignen versucht. Sie sind ein Name für den »Diskurs der Diskurse«, wie Luce Irigaray die Philosophie zu Recht nennt, ein Name für das

Diskursdestillat einer Kultur, wie sie nach wie vor herrscht. Sie sind ein Name, von dem manche Leute glauben, man müsse ihn bloß nicht mehr erwähnen, und schon sei die Kultur von ihm geheilt. Aber das ist nur dieselbe Logik mit nicht einmal wirklich geänderten Vorzeichen. Es geht nicht darum, es kann nicht darum gehen, die Kultur von Ihnen (oder sonst irgendetwas oder irgendwem) heilen, erlösen zu wollen. Sündenfall versus Auffahrt in den Himmel, Krankheit/Dunkelheit/Verführung versus Gesundheit/Reinheit/Lösung, diese älteste aller Geschlechtergeschichten, diese Schriftgeschichte, wie sie jeden Buchstaben bewohnt, kann man nicht aus der Sprache vertreiben, ohne dem Paradies, dem Ursprung jeder Vertreibung, weiterhin ein Hoheitsrecht über die Schrift zuzubilligen. Das Paradies, das Reich des Begriffs und des Urteils, diese alte Heiligkeit, kann nicht der neue Sündenfall sein, denn dann ist der ehemalige Sündenfall das neue Paradies, die Geschichte bleibt exakt gleich, und Sie lachen sich bestens ins Fäustchen. Wer Sie vertreiben will von Ihrem Thron, verankert Sie dort nur erst recht. Es geht nicht darum, die Plätze zu tauschen; darum geht es nie.

Und was wäre, wenn dieses lange, wallende Haar hinter dem geschlossenen Fenster, durch das kein Laut dringt, diese Zauberhaftigkeit des zwar schönen, aber stummen, inselhaft in der »eigenen Welt« vereinzelten/von der allgemeinen Reise der Wahrheit abgefallenen dunklen Bildes Sie gar nicht aus der Vergangenheit anweht, sondern aus der Zukunft, weil Sie verliebt sind? *Sind Sie denn verliebt? Begehren Sie etwas?* Sie können die Herkunft nicht von der Zukunft unterscheiden; beides verschwindet und wird domestiziert hinter *demselben Bild*, derselben Totenmaske, demselben schlafenden Dornröschen, derselben Erinnerung. Wird Ihre helle Gegenwart mich je küssen, mich je wecken, mich, diese dunkle, schon schlafende Herkunft, mich, diese dunkle, noch schlafende Zukunft? Mich, diesen Schlaf (gemacht für Ihren erweckenden Kuss)? »Der Schriftsteller ist jemand, der mit dem Körper seiner Mutter spielt«, schreibt Roland Barthes; der Philosoph ist jemand, der dem Körper der Mutter Schlafmittel verabreicht, um ihn sich anschließend als einen ganz und gar ihm gehörenden Körper zur Frau zu nehmen; oder einen Körper, den er mit der Mutter verwechselt, das kann er nicht so recht unterscheiden, zu irre ist er an seiner Lust: Mutter ist Mutter ist Mutter ist Frau, *das Chaos von allem*, wie Sie sagen, in sich nicht different.

Und diese schlafende Mutter/Frau/Schrift leistet die Traumarbeit des Philosophen, seine Bildarbeit, die Arbeit seines Wahns; diese Arbeit besteht darin, *sowohl* in seinem Bett zu liegen und von ihm beschlafen zu werden, im wahrsten Sinn des Wortes: be-schlafen, *als auch, gleichzeitig,* in der Tür zu seinem Schlafzimmer zu stehen (kommend und/oder verschwindend) und ihn bei seinem Tun zu beobachten. Sie hat keinen eindeutigen Ort, das ist das Problem des Philosophen, aber auch seine uneingestandene Lust: Er ist es schließlich, der sie allererst gespalten hat, *zerteilt* hat, schlafen gelegt hat als eine Erinnerung, die darum nicht weniger anwesend ist, wenngleich nur in einer Ferne, die sein Blick nicht überbrücken kann (ihrer aber sehr wohl). Was ihn erregt, ist nicht der Verkehr als solcher, sondern was ihn erregt, ist, dass er während des gesamten Geschehens beobachtet wird von den Bildern einer in der Tür zu seinem Schlafzimmer stehenden, vermeintlich schweigenden, vermeintlich aufgehobenen Erinnerung. Während er in sie eindringt, stellt er sie zugleich still im Durchgang zwischen den Räumen, und was ihn erregt, ist gerade, dass sie, diese schleierhafte Erscheinung, ihn sieht, ihn beobachtet, während er obszöne Dinge mit einem Körper tut, der ihr ähnlich ist, der aber niemals sie selbst *ist* – denn *sie selbst* gibt es gar nicht, wie Sie, geehrter Herr, durchaus richtig erkannt haben (aber *Sie selbst* gibt es auch nicht, dass ist Ihr großes Missverständnis). Urszene der Philosophie, von der der ›wahre‹ Philosoph zugleich auf Teufel komm raus nichts wissen will. Georges Bataille hat sich aus genau dieser Szene in seiner *Histoire de l'oeil* einen erotischen Augen/Eier-Strahl-Bepinkel-Spaß im Angesicht der in der Tür stehenden, dienenden Erzählermutter gemacht. Auch der Vater/Herr beobachtet, aber sein Beobachten ist der sich gewaltsam einschreibende Blick der Hauswände, mit denen der begattende/denkende Philosoph sich selbst identifiziert (der Vater/Herr als Beobachter ist für ihn erotisch vollkommen uninteressant, da er eins mit ihm wird), während ihr Beobachten in seiner Imagination das weite, weiche, nicht urteilende, weise, aber auch bedrohliche Sehen/Schreiben des Körpers, der Erscheinung oder der Erinnerung ist, die nicht auftauchen kann, ohne gleichzeitig immer auch schon zu verschwinden, die nicht auftauchen kann, ohne an mindestens zwei Orten gleichzeitig zu sein.

Und ist nicht genau das die »Hysterie« der Frau, des Körpers, des Bildes, der Schrift, dass sie nie dort ist, wo der Denker/Dichter, der Stift, der Begriff sie vermutet, dass sie nie nur im Inneren des Hauses gewesen ist, sondern zugleich immer auch unendlich weit weg davon, unterwegs auf Reisen, unterwegs hinweg über Zeiten und Weiten, von denen er nur träumen kann? So gerne der Philosoph selbst der Gebärende seines Textes wäre, so gerne der Begriff das Erste und das Letzte wäre, so gerne der Stift den Körper, den er begehrt, und mit dem er neue Körper zeugt, die seinen Namen tragen und seine Geschichte weitererzählen sollen, auslöschen würde mittels vollständiger Durchleuchtung

(Blendung), Einschlagung oder Zerteilung: *Dieser Körper ist hier. Dieser Körper schreibt.* Er ist höchst lebendig, er schreibt, um zu spielen, er schreibt, um zu lieben, er schreibt, um den Diskurs zu enteignen, der ihn – diesen Mutterkörper, diesen Muttertextkörper, dieses Zeichen »Frau« (das die Geschichte nur unter dem Zeichen »Mutter« kennt, so wie sie auch das Zeichen »Mann« nur unter dem Zeichen »Vater« kennt) – stets zu blenden, blind zu machen versucht hat mit seinem dichtenden, dicht machenden, entzwei schlagenden Blitz. Was die Schrift zur Welt bringt, sind immer Bilder, Geburtsschmerzen sind immer die Schmerzen des Bildes, dem Begriff ist all das vollkommen fremd, er kommt immer erst nachträglich, um die Spuren zu tilgen, die diese Geburt hinterlassen hat. Das heißt nicht, dass er keinerlei Schmerz kennen würde: Sein Schmerz ist die Ausweglosigkeit der ewigen körperlosen Wiederkehr, sein Schmerz ist, dass er nur in der Aneignung einer anderen Körper werden kann. Wo es um Geschichte und Wahrheit geht, um ein Haus, das gebaut werden soll, wo ein Begriff glaubt, dass er seine andere durchleuchtet hat, geht es in Wirklichkeit immer darum, diese andere, den Körper und seine Schrift, die Schrift der Erinnerung, zu überschreiben, abzudunkeln und einzumauern in ein Haus, dessen Tür man sorgsam verschließt. Wie so oft ist es der Dichter R.M. Rilke, der besonders schön zusammenfasst:»Tief in sich trug er eines Hauses Dunkel, Zuflucht und Ruhe, und darüber war er selbst Himmel geworden und Wald herum und Weite und großer Strom, der immer vorüberfloß...«

Bild/Frau/Schrift/Nacht/Erinnerung, Begriff/Herr/Denken/ Haus/Himmel/Tag: unscharfe Konturen, Überlagerungen, Verstrickungen, Körperschrift der Geschichte. Geehrter Herr, ich biete Ihnen keine fortschreitende Enthüllung, kein Ende dieser Geschichte (das gibt es nicht), keine Eheschließung, keine abschließend geklärten Verhältnisse. Ich werde Ihnen mein Geschlecht nicht entblößen, aber nicht, weil ich schamhaft oder zickig wäre, sondern weil Sie nie bei Gott sein werden, und weil ich, *genau deswegen, kein Geschlecht habe*, gerade so wie auch Sie. Oder, genauer noch: Weder Sie noch ich sind, was Ihre Geschichte, die Geschichte der Hierarchisierung, Zweiteilung und Abdunklung, unter »Geschlecht« versteht. Ich bin nicht diejenige, die sich nicht zeigt; im Gegenteil, ich bin nie mit etwas anderem beschäftigt gewesen als damit, meine Kleider abzulegen umgeben von den gierigen Wänden Ihres verpixelten Gesichts, das sein erigiertes Auge gewaltsam durchs Schlüsselloch schiebt. Sie sind der, der sich nie gezeigt, der seine Haut stets im Verborgenen gehalten hat, und das Verhältnis zwischen uns beiden, das sogenannte »Geschlechterverhältnis«, ist nie etwas anderes gewesen als das vermurkste imaginäre Verhältnis zwischen, zum Beispiel, aber es gibt unendlich viele andere Namen, Denken und Schrift, Philosophie und Literatur, Begriff und Bild, Himmel und Erde, Licht und Finsternis, Ratio und Irratio, Turm und Schacht, Präsenz und Erinnerung, Stift und Blatt. Geehrter Herr, ich bin kein Blatt, und Sie sind kein Stift. Es gibt kein Geschlecht, das, am Ende einer langen Beschriftungsgeschichte, wieder in seiner Reinheit zu entblößen wäre. Alles, was ich Ihnen anbieten kann, ist meine Haut.

Aber ach, geehrter Herr, ich schreibe hier vor mich hin und weiß doch, ich habe Sie längst schon wieder verloren. Der Tag schreitet voran, es ist jetzt elf Uhr dreißig, und Sie sind längst Gott weiß wo, nahe dem Zenit Ihres Tages vielleicht, jedenfalls nirgends, wo Sie mich hören könnten. Stellen Sie sich vor, auch ich bin nahe dem Zenit meines Tages, der Vormittag ist meine produktivste Zeit, wenn es gut läuft, bin ich noch über den Sonnenhöchststand hinaus produktiv, und wenn es sehr gut läuft, sogar noch bis in den späten Nachmittag hinein. Darum muss ich nun zum Ende kommen, ich habe heute noch viel vor, der Tag ist hell, auf meinem Schreibtisch stapeln sich Geschriebenes und Ungeschriebenes, Gelesenes und Ungelesenes, Gemachtes und Ungemachtes, auf meinem Schreibtisch stapeln sich Haufen von Wirklichem, die geliebt sein wollen, und so komme ich nun zum Ende, indem ich Ihnen Folgendes, als Letztes, noch mit auf den Weg gebe.

Wir alle wissen – ok, Sie vielleicht nicht, aber deswegen sage ich es Ihnen jetzt –, dass die Arten und Weisen unseres Begehrens nicht kontextlos sind, nicht textlos sind, sondern sich einschreiben in das, was es schon gibt, um etwas zu zeugen, um von etwas zu zeugen, was es, vielleicht, so noch nicht gibt, und dieses Von-etwas-Zeugen ist nicht ein Von-etwas-gezeugt-Werden, ich sage das klar und deutlich, weil ich weiß, dass Sie das sonst gleich wieder falsch verstehen, aber hören Sie, alles das, was es noch nicht gibt, was Sie noch nicht kennen, ist so wunderschön, alles, was Sie noch nicht kennen, ist von dem, was Sie, oder Ihresgleichen, gerne das »schöne Geschlecht« nennen, das »schöne Geschlecht« ist nicht das Ir- oder Arationale in seiner »Materialität«, »Mütterlichkeit«, »Weiblichkeit« usw., das »schöne Geschlecht« ist nicht »die Frau«, sondern das »schöne Geschlecht« ist die Zukunft, das, was sich einschreibt, ohne schon bekannt zu sein, ohne von einem Bewusstsein besessen zu werden, und das, genau das ist die Literatur, das, was kommt, im Kommen ist, was überrascht in seinem diebischen, schelmenhaften Einbruch, und die Frage, welche Literatur, *wie viel* Literatur Sie aushalten können, ist also immer auch die Frage, wie viel Zukunft Sie aushalten können.

Und ist nicht das Spiel mit dem Tod des Selbst, der Tanz an den Rändern dessen, was gerade noch ertragbar ist, der Tanz an den Rändern dessen, was auf Sie zukommt – ist nicht gerade das auch der Anlass Ihres eigenen Schreibens, Ihrer eigenen Textualität, Ihres Spiels auf der Klaviatur der Buchstaben? Und auch wenn es in Ihren Texten kaum mehr Spuren dieses Spiels gibt, weil Sie vielleicht nichts so meisterhaft beherrschen wie die Spurentilgung: So können wir doch festhalten, wir beide, dass Ihr ganzer langer Heiratsantrag ohne dieses sogenannte schöne Geschlecht undenkbar gewesen wäre, ohne das, was Ihnen überschrieben war aus Ihrer Herkunft (ja: die Literatur ist Ihre Herkunft und Ihre Zukunft, es hätte Ihren Körper, Ihren Korpus nie gegeben ohne sie), derer Sie durch die Zukunft hindurch, durch das sogenannte andere Geschlecht hindurch, durch mich hindurch, durch die Schrift hindurch, Herr zu werden versuchten, aber ich sage Ihnen, das hat wirklich nichts zu tun mit Mann und mit Frau, mit Tag und mit Nacht, mit Vernunft und mit Unvernunft, mit Philosophie und mit Literatur, jedenfalls nicht in dieser Weise, so einfach ist es nicht, Sie wissen das, aber so ganz genau wissen Sie das doch nicht, das ist Ihr wunder Punkt, denn ja, es wuselt am Grund dieser Buchstaben, auch am Grund Ihrer Buchstaben, und was Sie immer so schön zwei-teilen, ur-teilen, verkehrt sich doch immer gleich selbst, verkehrt doch in Wirklichkeit die ganze Zeit mit allen diesen Buchstaben, mit allen diesen vielen Geschlechtern und Begehren, von denen keines jemals ein so vollkommen eindeutiges Ziel gehabt hat, wie Sie es mir weismachen wollen – vor allem haben Sie mich ja nach meinem Begehren überhaupt noch nie gefragt, sondern gehen von vornherein davon aus, dass es Ihnen gehört, und niemandem und nichts als Ihnen … Aber, werter Herr, seien Sie ehrlich: Wollen Sie denn wirklich gar nichts

über mich wissen? Was, wenn nicht die Zukunft, die Literatur, *das Schöne*, das auch in dem durchblitzt (ja, durchblitzt,
wir verstehen uns!), was sich unter Ihrem Namen schreibend versammelt hat, ist es denn Ihrer Ansicht nach wert,
zu leben?

Hochachtungsvoll grüßend,
Ihre

———————————————————

(die nicht die Mutter Ihrer Kinder gewesen sein wird)

Inseln

She was most worried about how she
would be remembered, he now tells me.
Kate Zambreno, *Book of Mutter*

Murmeln sind kleine runde Kugeln aus Glas, es gibt sie in verschiedenen Größen, mit verschiedenen Mustern und in verschiedenen Farben; vom Spiel mit Murmeln existieren weltweit zahllose Varianten, gemein ist den meisten jedoch, dass im Freien auf festem Erdboden gespielt wird, man muss ein kleines Loch in den Boden graben und dann, auf die eine oder andere Art, seine Murmeln in das Loch bugsieren, zum Beispiel durch Werfen, Schnippen oder Rollen. Ich hatte als Kind verschiedenartige Murmeln, zum einen welche, von denen ich sicher weiß, dass schon meine Mutter mit ihnen gespielt hatte, sie waren durchsichtig und in der Mitte fand sich ein kleines, farbiges Muster; in den Sommerferien, die wir immer an der Nordsee verbrachten, kaufte ich manchmal von meinem das ganze Jahr über ersparten Taschengeld ein Netz mit zehn oder zwanzig Murmeln darin, verschiedenste Sorten und Größen, aber ich kann mich nicht erinnern, ob die Murmeln, die mir besonders wertvoll schienen, vielleicht, weil sie an Perlen erinnerten – sie waren in undurchsichtigen Pastelltönen gehalten und hatten einen perlmuttfarbenen Glanz –, ebenfalls zu denen gehörten, die noch von meiner Mutter stammten, oder zu denen, die ich mir selbst gekauft und aus den Sommerferien mit nach Hause gebracht hatte, oder vielleicht zu einer ganz anderen Sorte, schließlich könnte es auch sein, dass ich sie geschenkt bekommen habe und es nur nicht mehr weiß. Ich bewahrte die Murmeln in einer kleinen Schatztruhe auf, spielte jedoch selten mit ihnen, nur manchmal öffnete ich die Truhe, griff hinein und versuchte, möglichst viele in der Hand zu halten und sie dann ganz langsam und vorsichtig gen Boden, oder mit einer schnellen Bewegung des Unterarms, wie man sie auch beim Kegeln macht, in den Raum gleiten zu lassen, denn ich liebte das perlende Geräusch, das sie dabei machten, und wenn ich ganz viel Glück hatte, stießen sich beim anschließenden Kullern manche der Murmeln noch einmal an und ergaben einen leises, klackerndes Geräusch, bis sie schließlich ruhig liegen blieben und ein mal weiter, mal weniger weit verstreutes Muster ergaben. Ein leises, klackerndes Geräusch machen auch Bambuswälder, wenn der Wind durch sie hindurchrauscht, auf einer kleinen Insel in der japanischen Präfektur Kagawa stand ich einmal lange in einem Bambuswald und lauschte dem zarten Klack-Klack-Klack-Klack-Klack, dem Murmeln der Bäume im Wind, später stand ich an einem Fluss und lauschte dem Plätschern, das dem Klack-Klack-Klack-Klack-Klack der Bambuswälder erstaunlich ähnlich ist, später stand ich in einem Museum, das kein Kunstwerk beherbergt, sondern selbst eines ist, es heißt 母型, »Matrix«, und stammt von der Künstlerin Rei Naito, es ist ein sehr großer, flach gewölbter Raum, muschelförmig und mit zwei großen Öffnungen, durch die man jeweils ein sehr präzise inszeniertes Stück Natur sieht, die Sonne kann hineinscheinen und große runde Lichtflecken auf den weißen Betonboden werfen, Regen kann hereinprasseln, sich in Pfützen sammeln und langsam, langsam über den Boden zu rinnen beginnen, der nirgends ganz eben ist, zudem drängen aus winzigen Poren im Boden kleinste, kleine, größere und große Wassertropfen, die anschließend wie kleine Murmeln, in verschiedenen Geschwindigkeiten, innehaltend,

Fahrt aufnehmend, sich zusammensammelnd aus verschiedenen Tropfen, über den Boden kullern, ein Spiel, das mit sich selbst spielt, Spieler sind nicht vonnöten, und man hat unmittelbar das Gefühl, Zuschauer braucht dieses Spiel auch nicht, es ist ganz zufrieden mit sich selbst; »Matrix« lädt einen ein, man darf sich in ihr aufhalten, aber sie verlangt ein großes Maß an Zurückhaltung, Höflichkeit und Respekt. Als Vergleich fällt mir nur eine Kirche ein, dabei ist der Unterschied zu einer Kirche, jedenfalls einer christlichen, gewaltig: Denn dieser Raum maßregelt nicht, urteilt nicht, hierarchisiert nicht, predigt nicht, unterwirft nicht, häuft keinen Reichtum an und fordert nicht im Gegenzug die Verschuldung seiner Leser, »Matrix« zeigt lediglich ein Hier und Jetzt, in aller Schlichtheit, Schönheit, Verbundenheit und Stille. Bevor man sie betreten darf, zieht man die Schuhe aus und schlüpft in Filzpantoffeln, die meisten Besucher bleiben sehr lang, stellen oder setzen sich nacheinander an verschiedene Orte im Raum, niemand spricht, man beobachtet die sich stetig verändernde Natur jenseits der Öffnungen, die man ganz unterschiedlich wahrnimmt, je nachdem, in welche Perspektive im Raum man sich begibt, oder man beobachtet die Lichteinfälle, die nie bleiben, was sie sind, sondern mit wanderndem Sonnenstand stetig andere Formen annehmen, oder man beobachtet das lautlose Klack-Klack-Klack-Klack-Klack der Wasserperlen am Boden und ihr glasklares Murmeln, oder man lauscht dem Wind, der an den flachen Rundungen des Gebäudes entlangrauscht wie ein Meer, verstärkt durch die Akustik des Raumes; ein japanischer Traum, ein Traum von Japan – und eine Wirklichkeit, die sich nicht ausspielen lässt wie Murmeln in der Hand eines Spielers, der nur aufs rechte Loch zu zielen braucht. *»Matrix« (Plural »matrices«, davon die »Matrizen«) kommt aus dem Lateinischen, ist verwandt mit der*

»mater« und der »materia« und heißt so viel wie: »Gebärmutter,
Mutterleib, Muttertier, Zuchttier«. Als »Matrize« oder »Mater«
bezeichnet man, zum Beispiel, im Zusammenhang der Schrift-
gießerei die Gussform, in die der Schriftgießer Satzmetall (meist
Blei) gießt, um Lettern oder Bleisatzzeilen zu erzeugen. Keine
Zuneigung, keine Verwandtschaft kommt aus ohne Meta-
morphose der Körper, die sie berührt, und zwischen meine
vielfachen Zuneigungen zu Roland Barthes' »Japan«-Fik-
tion, die ihm dient, um des Pudels Kern der traditionellen
westlichen Fiktion in Frage zu stellen, nämlich: »des Pudels
Kern«, das *eine* organisierende Zentrum »in« und »über«
allem, drängen sich Fragen einer eindrücklich empfunde-
nen Wirklichkeit wie Wassertropfen aus der Bodenfläche
des Kunstwerkes von Rei Naito, einer Wirklichkeit, die ich
kaum kenne, die ich kaum verstehe, die mich aber angeht,
die mich umtreibt: Fragen, die mit Brutalität zu tun haben,
mit Zerbrochenem, mit Einfügung, mit Unausweichlichkeit, mit Unhintergehbarkeit, und dabei, vor allem, mit dem
Zeichen *»Frau«.*

Denn etwas an Barthes' Selbstbeschreibung über sich als
den Autor seines Textes – »Japan hat ihn in die Situation der
Schrift versetzt« –, etwas daran, das ich nicht wirklich be-
nennen kann, bereitet mir Unbehagen, ich weiß nicht, was
es genau ist, aber vielleicht hat es hiermit zu tun: Wenn
man sagen kann, dass im westlichen Denken das Zeichen
»Frau« eingeschlossen ist in einer oder als eine identifizier-
bare(n) Dunkelkammer, Ort der Negation, *Ort der Schrift,*
Ort der endlos wiederholten Abstoßung und am idealen
Ende Heimkehr (Belichtung) durch das Zeichen »Mann«,
könnte es dann nicht sein, dass »die Frau« *erst recht,* und
mit schwer ermessbarer, vielleicht noch tiefgreifenderer Ve-
hemenz verschwindet, wenn sie nicht an einem eindeutigen Ort eingeschlossen ist, in einer eindeutigen Ideenge-

schichte, sondern überall und nirgends, ja sogar allerorten *in der Schrift, den Schriftzeichen selbst*? Ist schon diese Frage zu normativ, zu thetisch, zu zentralistisch, zu »westlich«? Aber ich möchte ja nur verstehen, warum man überall auf der Welt jene Körper hasst, die Gebärmütter haben, ich möchte verstehen, wie dieser Hass in Schriftgeschichten zementiert wird, ich möchte verstehen, wie sie leben und wie sie sprechen, die Körper, die Zeichen, in denen jener Traum wächst, der sich »Leben« nennt, oder: »Literatur«.

*

Dies ist das Kanji für »Frau«: 女

Das Kanji für »Frau« ist aus dem Bild einer die Hände in den Ärmeln versteckenden Frau entstanden, die kniet. Sie hält dabei den Kopf gesenkt und den Rücken gebeugt:

女 in Kombination mit anderen Kanjis hat immer negative Bedeutungen, beispielsweise: boshafte Unehrlichkeit, bösartige Verlogenheit, niederträchtiger Räuber, Schlauheit, Verschlagenheit, Durchtriebenheit, List, schlechter Mensch, boshafte Intelligenz, Arglist, Hinterlist, Heimtücke, Ehebruch, Unzucht, Intrige, Ränkespiel, Untertan, der es wagt, seinen Herrn von etwas abzubringen

女 in dreifacher Kombination mit sich selbst wird zu »laut, lästig, boshaft«: 姦

Möchte man aus 女 positive Konnotationen gewinnen, so muss man entweder der Frau ein Kind anhängen: 好 = »sympathisch, gut«, oder ihr einen Deckel aufsetzen: 安. Hat die Frau erst einen Deckel auf dem Kopf, werden die Bedeutungen der Wörter in Kombination mit diesem Kanji zu: »leicht, billig, preiswert, friedlich, sicher, bequem, ruhig, einfach, mühelos«. Verbindet man beispielsweise »Frau mit Deckel« und »Wohnung, Wohnen«, so erhält man: 安住 = »ruhiges Leben, friedliches Leben, wunschlose Zufriedenheit mit einer Situation«.

Das Kanji für »Frau« wird zum Kanji für »Mutter«, wenn man es mit zwei Punkten versieht und zu einer geschlossenen Form macht, deren Knien in sich selbst ruht und also nichts mehr erwartet oder will: 母

Meine Japanischlehrerin sagt: Zwei Punkte, zwei Zitzen.

*

Immanuel Kant schreibt: »Das Land des reinen Verstandes … ist eine Insel. Es ist das Land der Wahrheit (ein reizender Name), umgeben von einem weiten und stürmischen Ozeane, dem eigentlichen Sitze des Scheins, wo manche Nebelbank, und manches bald wegschmelzende Eis neue Länder lügt, und indem es den auf Entdeckungen herumschwärmenden Seefahrer unaufhörlich mit leeren Hoffnungen täuscht, ihn in Abenteuer verflicht, von denen er niemals ablassen und sie doch auch niemals zu Ende bringen kann.«

Ein anderes Wort für »Schein« ist: Mond. Der Mond wird angeleuchtet und gibt das Licht der Sonne wieder, leuchtet aber nicht selbst. Er tut nur so als ob. Er täuscht den herumschwärmenden Denker unaufhörlich mit leeren Hoffnungen, verflicht ihn in Abenteuer, von denen er niemals ablassen und die er doch auch niemals zu Ende bringen kann: Der Mond hat eine unwiderstehliche Anziehungskraft. Er verbündet sich mit dem Ozean und schafft ein verführerisches, schwer handhabbares Geschlecht. Verstand und

Wahrheit wohnen auf dem Land und nicht im Wasser, weil das Land, anders als der Ozean, bebaubar, besambar, bezähmbar, einzäunbar ist, und Verstand und Wahrheit gibt es, europäischem Denken zufolge, nur dort, wo man etwas bebauen, besamen, bezähmen, einzäunen kann. Der Abenteurer zu Land schreibt sich in die Erde ein, in den Abenteurer zu Wasser hingegen schreibt sich der Ozean: So darf man das Denken nicht denken, dem sehr europäischen, sehr preussischen Philosophen zufolge, der damit nur sagt, was viele andere vor ihm gesagt haben, und was viele andere nach ihm sagen werden.

Ein anderes Wort für »Mond« ist: Frau.
Ein anderes Wort für »Frau« ist: Lüge.
Ein anderes Wort für »Lüge« ist: Wasser.
Auch »Wahrheit« kann ein anderes Wort für »Frau« sein, aber nur dann, wenn auch »Land« ein anderes Wort für »Frau« ist.
Ein anderes Wort für »Land« ist: Erde.
Ein anderes Wort für »Erde« ist: Erinnerung.

Ein Schlagabtausch zwischen Søren Kierkegaard, Simone de Beauvoir, Michel de Montaigne, Marlen Haushofer, Eliot Weinberger, Albertine Sarrazin, Pindar, W.G. Sebald und H.C. Artmann:

K: »Betrachte sie, wenn sie ihr Haupt zur Erde neigt, wenn die üppigen Flechten fast den Boden berühren und es aussieht, als sei sie durch Blumenranken an der Erde festgewachsen, steht sie da nicht als ein unvollkommeneres Wesen als der Mann, der zum Himmel emporblickt und die Erde nur berührt?«

B: »Die ganze Natur erscheint ihm als Mutter; die Erde ist eine Frau.«

M: »Jeder Himmel ist mir gleich recht.«

H: »Es war mir, als müßten meine Füße gleich durch den Boden brechen und mein Gewicht mich hinunterziehen in den Keller und immer tiefer in die Erde bis zu ihrem schwarzen Kern. Dorthin, wo dieser Körper hingehörte.«

W: »Denn Gott zu schauen, löscht die Erinnerung.«

AS: »Die Vorstellung, dass es genügte, da zu sein, mit der bloßen Macht unserer Körper, um uns hinauf zu katapultieren in den Himmel!«

H: »Seltsam, daß der Himmel keinen Schwindel verursachte; nie versuchte er sie aus dem Fenster zu ziehen, hinauf durch die grauen Wolken und in die glitzernde Bläue. Nein, er hatte nichts Verlockendes an sich, gefährlich war nur die Erde.«

P: »Im Himmel ist Begreifen Sehen, auf der Erde sich erinnern.«

WGS: »Die Erinnerung kommt mir oft vor wie eine Art von Dummheit. Sie macht einen schweren, schwindligen Kopf, als blickte man nicht zurück durch die Fluchten der Zeit, sondern aus großer Höhe auf die Erde hinab von einem jener Türme, die sich im Himmel verlieren.«

A: »›Donnerwetter‹, sagte der gammler oder übergebliebene hippie, der eine täuschende ähnlichkeit mit Frank Zappa aufwies, ›wenn das nun ein wolkenkratzer ist, so liegt sein keller wie bei Jules Verne nahezu am mittelpunkt der erde!‹ ›oh boy!‹, sagte der junge gentleman, seinen schnurrbart in ordnung bringend.«

*

Das älteste überlieferte Dokument japanischer Literatur ist das *Kojiki*, geschrieben im Jahr 712 als Auftragsarbeit für den kaiserlichen Hof. Es versammelt und vereinheitlicht Schöpfungsmythen und zeichnet eine Chronik alter Begebenheiten und Abstammungen bis hin zur Kaiserfamilie. Das *Kojiki* erzählt zum Beispiel den Mythos von den Ureltern, Izanami und Izanagi: Izanami und Izanagi stiegen einst vom Himmel herab und richteten einen hehren Himmelspfeiler auf. Dann fragte Izanagi Izanami, wie ihr Körper gebildet sei. Izanami sagte:»Mein Körper wird und wird, aber eine Stelle kommt nicht zustande. Darauf sagte Izanagi: ›Mein Körper wird und wird, aber eine Stelle wird im Übermaß. Wie wäre es, wenn ich die im Übermaß sich bildende Stelle meines Körpers in die ungenügend gebildete Stelle deines Körpers steckte und wir so Länder zeugten?‹« Anschließend gingen sie um den Himmelspfeiler herum, um sich ehelich zu vereinigen, Izanami von rechts und Izanagi von links. Als sie wieder aufeinandertrafen, machte Izanami den Mund auf und sagte etwas; Izanagi stellte fest, dass es nicht gut sei, dass die Frau zuerst spreche. Trotzdem zeugten sie zwei Kinder, die ihnen aber nicht gefielen. Sie holten sich Rat bei den Himmelsgöttern, die sagten:»Da die Frau zuerst gesprochen hat, war es nicht gut. Kehrt wieder nach unten zurück und sprecht erneut.«

Eine weitere Sammlung alter Mythen, die nur wenig später fertig gestellt wurde (720) und die weitgehend dieselben Geschichten enthält, aber mit teilweise anderen Details, ist das *Nihonshoki*. Im *Nihonshoki* gibt es Sätze wie:»Dies sind acht Gottheiten insgesamt. Sie entstanden durch die gegenseitige Vermischung des Weges von Himmel und Erde, daher bildeten sich Männer und Frauen.«

*

Fragen, die ich in Japan stellte, zum Beispiel: Wie kommt es, dass so unterschiedliche Schriftgeschichten wie die chinesisch-japanische und die europäische eine Sache genau gleich groß zu schreiben scheinen, nämlich dass sich »die Frau« »dem Mann« zu beugen habe, dass sie geringer sei als er? Wie kommt es, dass europäische und japanische Mythen bisweilen sogar dieselben Bilder verwenden (zum Beispiel Himmel und Erde als Wege von »Mann« und »Frau«), wie leben diese Zeichen weiter, und auf welche Weisen sind sie wirksam? Stimmt es, dass Japan vor der Ankunft des Konfuzianismus eine Art Matriarchat war? Die bereits verstorbene Philosophin Sakiko Kitagawa schreibt, ein Problem des japanischen Feminismus sei, dass er aus dem Westen importiert wurde, aber nicht an die spezifisch japanische Geschlechtergeschichte anknüpfe und diese daher auch nicht transformieren könne: Weiblichkeit, sagt sie, müsse darin als ein Prinzip der Polyphonie gedacht werden, was heißt das? Können Sie mir dazu etwas erzählen?

Ich will mehr Fragen aufschreiben, noch einmal, aus der Erinnerung, denn ganze Seiten voll Fragen hatte ich im Gepäck, aber ein Nebel legt sich zwischen mich und das Land, meine Erinnerung, ich versuche, sie wieder zu mir zu holen, an mich zu binden, aber es gelingt mir nicht, ein Nebel legte sich auch zwischen meine Fragen und die Antworten, die ich erhielt, ich erhielt sehr viele Antworten, lange, auskunftsfreudige Antworten, ganze Erzählungen, deren Boden ich jedoch nicht vermessen konnte, meine Gesprächspartnerinnen nickten grundsätzlich so vehement zustimmend, während ich meine Fragen stellte, dass ich dachte, wir wären *on the same page*, aber dass wir nicht einmal im selben Buch waren – wer sagt, dass der Sinn der Schrift überhaupt *das Buch* sei? – merkte ich daran, dass ich oft nicht wusste, worauf ihre Antworten eigentlich Antworten waren; wahrscheinlich wussten sie jedoch ebenso wenig, worauf meine Fragen eigentlich Fragen waren. Der Anfang ist immer eine Antwort, auf die man die Frage erst noch suchen muss, und läge zwischen einer Antwort und ihrer Frage nicht dichter Nebel, die halbe Erdkugel und Kants »weiter und stürmischer Ozean«, dann wäre alles Denken ja schon, was Heidegger an seine Frau schreibt: eine Heimkehr »aus dem Land der großen Fragen« ins Innere der vier Wände des Hauses, in dem das Seelchen des Philosophen, das nie im »Land der großen Fragen« gewesen ist und dort auch niemals sein wird, das Seelchen, das das unsichtbare Innerste des Philosophen zusammenhält, am flammenden Herd steht und ihm seinen heißgeliebten Kartoffelbrei kocht.

*

Karl Florenz (1865–1939), der erste Übersetzer des *Kojiki*, vermerkt in einer Fußnote zu seiner Übersetzung: »Das Herumgehen um einen Pfeiler war in der ältesten Zeit offenbar ein wichtiger zeremonieller Akt bei Schließung einer Ehe… Der Mann umschreitet den Pfeiler von links, das Weib von rechts, weil die linke Seite als die vornehmere gilt und daher dem höher stehenden Mann zukommt.«

Unwillkürlich muss ich an eine Uhr denken: Der Mann geht im Uhrzeigersinn, die Frau geht gegen den Uhrzeigersinn.

Was hat ein Uhrzeiger im Sinn?

Die Frau läuft der im Übermaß werdenden Stelle des Mannes entgegen, das heißt auch: zuwider.

Länder sind aus Sprache geboren; öffnet die Frau ihre nicht ständig werdende Stelle für das übermäßige Werden der Stelle des Mannes und lässt ihn zuerst sprechen, so entstehen Länder erfunden im Uhrzeigersinn, erfunden als Zukunft, *avenir,* die vergisst und vergessen macht, dass jedes Sprechen eine Mutter hat, dass jedes Sprechen, ob es will oder nicht, auch durch den Traum seiner Hervorbringung geht.

*

Wie sie sprechen soll:
Das lateinische Verb *muttire, muttiō* bedeutet: »mucksen, aufmucken, kleinlaut reden, halblaut reden, munkeln, meckern.« Das nicht mehr gebräuchliche deutsche Verb »muttern« bedeutet: »brummen, murmeln, murren, dasselbe was muckern: ein muttern, ein gezänk, ein hader, ein geschrei erhöbet sich. die stummen macht er mutteren, die redner macht er stutteren. schwäb. mutteln, muttern, mutscheln, mürrisch, verdrieszlich sein, in sich hinein sprechen. schweiz. mutteren, muttern ›drückt einen langsamen dumpfigen ton eines fernen gewitters oder eines menschen aus, der seine unzufriedenheit durch mucken äuszert‹.« (*Grimmsches Wörterbuch*, Lemma »muttern«)

Das englische Verb »to mutter« bedeutet: »a murmur or murmuring, to mumble, utter words in a low tone with compressed lips, to speak softly and incoherently, or with imperfect articulations.« (*Wiktionary*, Lemma »mutter«)

Wie sie leben soll:
In der deutschen Sprache purzeln die Träume von den Bäumen, genauer vom Bäumelein, wenn die Mutter es schüttelt, der Baum, der im Paradies steht, die Frucht, die nicht gepflückt werden darf, aber von der Mutter zum Abfallen gebracht wird, der Stamm, das Denken als väterlich aus Mutter Erde in den Himmel emporsprießende Familiengeschichte. Und wer beißt in die verbotene Frucht, wer fällt von der Krone der Schöpfung? Das Sprechen der Mutter, Komplizin

des Traums, Wiedergängerin des Erinnerten, läuft immerfort der »Eindeutigkeit« dieser Geschichte zuwider.

Was sie sein soll:
»a) der hohlraum, in welchem eine schraube geht; b) öffnung, worin die klinke eines thürschlosses sitzt; c) bei den feuerwerkern heiszt mutter der untere hohle raum eines raketen- oder schwärmerstocks; d) bei den schriftgieszern mutter, schriftmutter, die matrize.« (*Grimmsches Wörterbuch*, Lemma »Mutter«)

*

G.W.F. Hegel war ein Mann, dessen Schreiben viel und ausgiebig von seiner eigenen Hervorbringung träumte; so ist es vielleicht nicht verwunderlich, dass das Wort »Mutter« bei ihm immer im Verbund mit Wörtern wie »Nacht«, »nächtlich«, »stillernährend«, »Finsternis«, »Nahrung«, »Seele«, »Traum«, »Träumen« auftaucht. § 405 der *Enzyklopädie der Wissenschaften* trägt die Überschrift »Die fühlende Seele in ihrer Unmittelbarkeit«; im Zusatz gibt es drei Unterpunkte, die die Überschriften »das natürliche Träumen«, »das Leben des Kindes im Mutterleibe« und »das Verhalten unseres bewußten Lebens zu unserem geheimen inneren Leben« tragen. Das Leben des Kindes im Mutterleibe folgt in der Entwicklung der Seele und des Subjekts direkt auf das natürliche Träumen; in gewisser Weise folgt es also daraus (denn eine Entwicklungsstufe bringt die nächste hervor). Das Kind im Mutterleib ist jenes Lebendige, das in der fortschreitenden Entwicklung des Subjekts auf den Traum folgt, das also der Traum gewissermaßen im Körper hinterlässt und womit er den Körper zur Mutter macht; die Mutter ist jener Körper, der den Traum austrägt, und daher auch jener Körper, dessen

Lektüren unmittelbar mit dem Traum verbunden bleiben, während der Vater-Stift sich fortschreibt auf eine »höhere« Bewusstseinsstufe: ein Unterschied wie Tag und Nacht, ein Unterschied wie Verausgabung und Erinnerung.

In *Wo Europa anfängt* schreibt Yoko Tawada: »Vor langer Zeit, als die Menschen in ihrem Dorf noch an bodenloser Armut litten, konnte es manchmal passieren, dass Frauen ihre eigenen Kinder, mit denen sie sonst verhungern hätten müssen, sofort nach der Geburt töteten. Für jedes getötete Kind wurde eine Kokeshi, das heißt Kind-verschwinden-lassen, hergestellt, damit die Menschen nie vergaßen, dass sie auf Kosten dieser Kinder überlebt hatten. Mit welcher Geschichte könnte Matrjoschka später in Verbindung gebracht werden? Vielleicht mit der Geschichte des Souvenirs, wenn die Menschen nicht mehr wissen, was ein Souvenir ist.«

Der Traum ist nicht etwas, das zu einem bereits bestehenden Sinn hinzukommt als Nachrangiges, Zweites, Späteres, die Chronologie des Sinns durcheinander Bringendes, sondern der Traum ist der Sinn der Haut, jener Sinn, der dem Körper Zeichen überschreibt und einschreibt, Zeichen, die nicht bleiben können, was sie sind, sondern die in der Verbindung mit neuem Leben stetig andere werden müssen. G.W.F. Hegels Schreiben setzte alles daran, den Traum im Bauch einer Mutterfigur verschwinden zu lassen, die er mit jedem Satz noch größer werden ließ; bis sie so groß war, dass sie sich nicht mehr rühren konnte und ihre Umrisse nur noch so schemenhaft waren, dass Menschen, die vor ihr standen, verständnislos mit den Schultern zuckten, einander anblickten, als würden sie sagen wollen: »Was soll *das* sein?!«, und sich dann daran machten, zu rekonstruieren, wie er es geschafft hatte, diese riesenhaft-wabernde Gestalt, die alles zu schlucken drohte, was ihr nahe kam, zu bezwingen und zu zähmen, das heißt: sie in ein System einzuschreiben, das nicht nur seinerseits alles schluckt, was ihm nahe kommt, sondern in dem sie praktischerweise auch gleich in sich selbst verschwindet (daher vielleicht die ständige Verwechslung, nicht nur bei Hegel, zwischen »Frau« und »Kind«) und zum sprachlos Erinnerten wird.

Nur rudimentär, als gelegentlich aufschimmernde und wieder verschwindende, scheinbar unzusammenhängende Inseln hier und dort, sind bislang jene Gefilde »gegen den Uhrzeigersinn« kartographiert und verzeichnet, die sich aus dem Ozean erheben, wenn *sie* die Erste ist, die spricht; nur rudimentär existieren bislang Bilder jener Landschaften, die entstehen, wenn ihr Sprechen Zeit genug hat, Raum zu werden, und nicht im Moment seines Auftauchens, im Moment seines Sich-Öffnens, im Moment seines Gebärens gleich in die nächstgrößere geschlossene Vergangenheitsform gepackt wird: Souvenir (im Souvenir im Souvenir im Souvenir im Souvenir im Souvenir im Souvenir…).

*

Murmeln, die bei G.W.F. Hegel auftauchen: »murmelnder Bach«, »das Murmeln des Quells«, »das Murmeln der Quelle«, »das Murmeln einer Quelle«, »Quellen murmeln«, »ein Brummen und Murmeln der Worte, von denen niemand etwas verstand«.

*

Deutschland, Japan, dazwischen vielleicht dies:

Das Kruzifix sagt, »es gibt genau *einen* Eingang, es gibt genau *einen* Ausgang: *beuge dich!*«; das Torii sagt, »der Eingang ist unendlich – der Ausgang ist unendlich; es gibt keinen Eingang – es gibt keinen Ausgang: *beuge dich!*«

Die Fragmentarität, Barthes' Faszination: Im Westen immer in einem Assoziationszusammenhang mit Weiblichkeit (Gebärmutter, »Hysterie«), mit dem Traum, dem »Irrationalen«. Aber Fragmentarität ist immer auch ein Sprechen in Schmerzen. Hast Du, Diener am kaiserlichen Hofe, eine wertvolle Teeschale beim Abwasch zerbrochen, setze die Scherben wieder zusammen und klebe sie mit Gold. Die vergoldeten Bruchstellen werden fortan das Wertvollste an der Schale sein, und der Gast, der aus der Schale trinken darf, wird sich vor ihnen verneigen: Denn Du, Diener, musstest Dich töten, um im Angesicht der Scherben Dein Gesicht zu wahren; Dein Tod macht die Schale nun wertvoller denn je, der Gast verneigt sich in aller Stille vor den goldenen Linien, mit denen Du Deine bevorstehende Selbsttötung in einen goldenen Gruß gewendet hast, aber wie brutal ist die Ausweglosigkeit, in die sich Dein Gruß einschreiben musste, und wie wertvoll kann ein Ding sein, dass sein Zerbrechen nur mit Deinem Leben zu bezahlen ist?

Die Teezeremonie im alten Japan war eine Sache der Männer, wie auch die Reinigung der Teeschalen und die Selbsttötung angesichts einer zerbrochenen Schale. Heute kann man überall auf der Welt Kurse in Kintsugi buchen, dieser alten Reparaturmethode für Zerbrochenes; in Kyoto habe auch ich einen solchen Kurs besucht, Kunst des *wabi-sabi*: Nicht das Direkte, Perfekte und Offensichtliche ist das Schöne, nicht das Strahlen der Sonne, nicht das Glatte, Runde, Totale, sondern der gebrochene Glanz des Mondes, das Indirekte, Spiel mit Glanz (Glasur) und Rauem (naturbelassenem Ton), das Verhüllte, Schiefe und Krumme: Auf die Komposition kommt es an und darauf, wie man die Bruchstücke zusammensetzt. Nicht immer sind noch alle Teilstücke einer zerbrochenen Schale vorhanden, fehlt ein Stück, so setzt man etwas anderes an dessen Stelle ein, es muss sich nur organisch in das Ganze fügen und zu diesem entlang der Bruchlinie eine Verbindung eingehen, die fest genug ist, dass der Tee am Ende nicht durchsickern und der Gast ihn trinken kann. Kurse in Kintsugi besuchen heute, erzählte der Meister, so gut wie ausschließlich Frauen. *Schon wieder ein Traum von Japan, schon wieder ein Traum der Literatur. Wenn es eines gibt, das man von westlichen Japan-Träumen lernen kann, dann vielleicht dies: Es gibt kein striktes Entweder-Oder, Westen oder Osten, es gibt nicht auf der einen Seite den Traum und auf der anderen die Wirklichkeit, es gibt nicht auf der einen Seite das Schlichte, Schöne, Verbundene, Stille und auf der anderen das Brutale, Eingefügte, Ausweglose, Zerbrochene, was es gibt, ist stets ein Zugleich an Widersprüchlichem, stets ein Zugleich an Verwandtem und Unverwandtem, was es gibt, ist: das »Zwischen«, die murmelnde Matrix, das Meer* (la mer, la mère) *mit seinen Perlen.* Wie vermutlich alle Kinder, die das Glück haben, ihre Sommerferien am Meer zu verbringen, war ich an der Nordsee immer Stunden und Stunden mit dem Sammeln von Muscheln beschäftigt, es gibt dort Miesmuscheln, Herzmuscheln, Bohrmuscheln, Sandklaffmuscheln, Austern, Schwertmuscheln und Trogmuscheln, letztere haben oft feine, farbige Streifen, aber sie sind meist klein und oft auch besonders zerbrechlich; zusammen mit den Schalen von Austern, deren Innenseite in der Regel eine dünne Perlmuttschicht überzieht, waren sie meine liebsten Sammlungsobjekte am Strand. In Japan gibt es Akoya-Austern, in Akoya-Austern wachsen die bekanntesten Perlen der Welt, sie sind besonders gleichmäßig, eben und rund, sie glänzen, und ihre Farbe ist weiß oder cremefarben.

A-ko-ya heißt so viel wie »mein Kind«; das Internet lehrt mich, dass es sich bei *a-ko* um altes Japanisch handelt, *ya* ist ein Suffix, das man an einen Namen oder ein Pronomen anhängen kann, um Zuneigung auszudrücken. Im Süden

Japans, in der Präfektur Kagoshima, gibt es eine Vulkaninsel mit dem Namen Sakurajima, Kirschblüteninsel; der Vulkan raucht und qualmt fast ständig, zwischen dem Festland und der Insel fährt hundertdreißig Mal am Tag eine Fähre hin- und her, die Fahrt dauert fünfzehn Minuten, das Wasser, das die Insel umgibt, ist tieftürkis. In einer Bucht auf der Insel sammelte ich an einem sonnigen Tag im Frühjahr Muscheln, manche sind groß, manche sind klein, manche heißen in der Fachsprache *fragum scruposum*, andere *cellana toreuma*, die Exemplare der letzteren insbesondere glänzen an vielen Stellen perlmuttfarben; zusammen mit ihren Geschwistern liegen sie jetzt, behutsam arrangiert, in der Schale, die ich in der Werkstatt des Kintsugi-Meisters aus elf Teilen zusammengesetzt habe, seine oft wiederholte Arbeitsanweisung klingt mir noch im Ohr:

slowly — — — —
gently — — — —
softly.

*

Bei meinem ersten Tokyo-Besuch verlor ich mich einmal im Bahnhof von Shinjuku, verkehrsreichster Bahnhof der Welt und Knotenpunkt der vielfachen Gangarten der Stadt, der mit seinen zahllosen Verästelungen, Verzweigungen und Übergängen für ein westliches Auge sehr verwirrend ist: Man weiß nie, ist man noch im Bahnhof oder schon im Kaufhaus, wo endet das eine, wo beginnt das andere, nach dem Ende des anderen ist man dann doch wieder im Beginn des einen, und wird man von einem der zweihundert Ausgänge, von denen man nicht immer merkt, dass sie Ausgänge sind, plötzlich auf die Straße gespuckt und will

dann, weil man denkt, so könnte man am einfachsten seinen geplanten Weg wiederfinden, zurück in den Bahnhof,
um doch noch den richtigen Ausgang zu finden, dann ist es
oft gar nicht möglich, überhaupt in den Bahnhof zurückzu-
gelangen, weil man ihn an dieser Stelle nur verlassen, nicht
aber betreten darf; ist man erst ein paarmal die Straße auf-
und abgelaufen auf der Suche nach einem Eingang, weiß
man mitunter nicht einmal mehr, wo der Bahnhof überhaupt ist, denn von außen sieht man ihn an vielen Stand-
orten kaum, er verbirgt sich hinter hohen Fassaden, innerhalb riesiger Kaufhausanlagen und Bürokomplexe, und GPS
versagt sowohl in seinem Inneren als auch in den Straßen
seiner unmittelbaren Umgebung: Stundenlang irrte ich
umher, aber ganz gleich, wo ich war, immer zeigte Google
Maps mir an, ich befände mich auf der Westseite des Bahn-
hofs, ich muss also immer wieder hin- und her- und im
Kreis gegangen sein, ohne es zu bemerken, und es dauerte,
bis ich begriff, dass Google Maps mich im Stich gelassen
hatte. Ziemlich lange hatte ich großes Vergnügen daran,
dass ich überhaupt nicht wusste und auch nicht in der Lage
zu sein schien, herauszufinden, wo ich war, ich ließ mich
treiben von Menschenströmen, Werbelichtern und verlo-
ckenden Übergängen, die mich in eine immer andere Ver-
sion des anscheinend nirgends endenden Gebäudes führten; bis der Hunger irgendwann das Vergnügen beendete
und mich tatsächlich für kurze Momente die Panik ergriff,
dass ich in einem Theaterstück gefangen war, in dem vor
jedem vermeintlichen EXIT zwei Männer in Uniform standen, die viele kleine Verbeugungen machten, zu allem, was
ich sagte, bejahend nickten, dann aber die Arme vor der
Brust kreuzten und in aller Höflichkeit freundlich lächelnd
sagten: *Sorry, NO EXIT.*

Meine Orientierung erlangte ich schließlich zurück, indem ich beschloss, Google Maps zu ignorieren und stattdessen stur in irgendeine, Hauptsache immer dieselbe, Richtung zu laufen, denn so musste mich der Bahnhof ja früher oder später ausspucken. Und das tat er auch; einmal draußen, lief ich weiter, immer geradeaus, und noch bevor GPS mich wiedergefunden hatte, kam ich an einer Pizzeria vorbei. Ich ging hinein, bestellte eine Pizza Funghi con funghi extra und ein sehr großes Bier. Bei einem späteren Tokyo-Besuch wollte ich noch einmal dort essen; doch im *Mittelland der Schilfgefilde* (so der Name der japanischen Mythen für die irdische Welt), zwischen den Bruchlinien der tausend Dörfer der murmelnden Stadt, fand ich den Laden nicht wieder.

über fliegen

(Mutter geht aus)

You remember too much,
my mother said to me recently.
Why hold onto all that? And I said,
Where can I put it down?
She shifted to a question about airports.
Anne Carson, *The Glass Essay*

Sagen wir: ein möglicher Einstieg, sagen wir: Einstieg, *EINS*.
Aufruf zum Boarding AB 7454, TXL nach JFK, ich laufe
durch den Gateway in gelassen-freudiger Ruhe, suche meinen Platz, das Gewühle der anderen Passagiere nehme ich
kaum wahr, ich bin ganz in meinem eigenen tiefenent-
spannten Film, verstaue mein Gepäck, nehme Platz, und
schon geht es los, zurück bleibt Berlin in Grau, ein kalter
Januarnachmittag, wir durchstoßen die Wolkendecke und
die normale Flugroutine beginnt, wobei ich selten so zufrieden und eins mit mir und der Welt in einem Flugzeug
gesessen bin, Schlafen, Essen, Filmegucken, Fenstergucken,
Wühlen im Rucksack (Mist, Kopfhörer vergessen), Essen,
Schlafen, Trinken, Schlafen, ich genieße den Flug, als hätte
ich kaum je etwas Schöneres erlebt, als in einem Flugzeug
zu sitzen, dann stelle ich fest, dass ich mal dringend auf
die Toilette muss, und zwar groß, was man in einem Flugzeug unmöglich erledigen kann, ich bitte also den Piloten,
zu landen, und der Pilot landet auf einer grün bewucherten
Insel, ich steige aus, laufe ein paar Meter, verziehe mich ins
Gebüsch, erledige mein Geschäft, das ein wirklich großes

ist, steige beschwingt wieder ein, und weiter geht es, Schlafen, Trinken, Filmegucken, Trinken, und nach acht Stunden dann die sanfte Landung in New York City, genauer gesagt Queens, JFK, einem Bett, das mir seltsam vertraut vorkommt, aber gut, ich bin ja auch in früheren Leben schon hier gewesen, und wäre die Welt nicht ein gigantisches Netzwerk aus Orten, an denen man in früheren Leben schon gewesen ist, und aus Dingen, die sich ähneln, aus Dingen, die sich aneinander anlehnen und einander entlehnen, würden die Dinge nicht beieinander ein- und ausgehen und manchmal vergessen, an welchem Ort sie gerade sind, könnte niemand je in ein Flugzeug steigen oder auch nur einen Fuß vor den anderen setzen. Ich brauche den ganzen Tag, mindestens weitere acht Stunden, um wieder in Berlin zu landen, lege mich abends in ein Bett, das mir seltsam vertraut vorkommt, und was ich an dieser Stelle schon sagen kann, ist in jedem Fall, dass die Angst bei mir nicht in der Nacht sitzt, sondern im Tag, die Angst sitzt bei mir nicht im Auftrennenden, sondern im Eingesessenen, Angst vor dem Auftrennen, das schon (das ist ja eine Angst des Tages), aber keine Angst im Auftrennen selbst, da bin ich unerschrocken und ganz bei Penelope: Alpträume habe ich so gut wie nie.

Oder, sagen wir: ein anderer möglicher Einstieg, sagen wir: Einstieg *ZWEI*.

Aufruf zum Boarding AB 7454, TXL nach JFK, ich laufe durch den Gateway, angetrunken, da ich vor dem Sicherheitscheck noch schnell einen mitgebrachten Rest Whiskey aus einer 0,5-Liter-Plastikflasche in mich hineingekippt habe, ich bin nervös, ich hasse es, aufzubrechen, zumal im Winter, Weihnachten ist gerade erst vorbei, und Weihnachten ist für mich die dunkelste Zeit des Jahres, ich ertrage die humor- und lückenlose Schwere nicht, die auf den christlichen Festen lastet, das erleuchtete Haus ist für mich ein verdunkeltes Haus, und wie öffnet man die Augen kommend aus einem verdunkelten Haus, das verdunkelte Haus will ja nur, dass man es nie verlässt, dass man tief in ihm schläft. Ich erinnere mich nicht, wie genau es dazu kommt, aber ich finde mich auf einem Platz wieder, der nicht auf meinem Ticket steht, in der Mittelreihe, der Flug ist nicht voll, neben mir ein großer Amerikaner, der sehr amerikanisch nuschelt, während er sich ebenfalls sehr amerikanisch mit der Hand durch sein dichtes, halblanges, rotbraunes Haar fährt, auf der Nase eine noch amerikanischere Sonnenbrille, die er erst nach der Hälfte des Fluges abnehmen wird, wir sitzen nebeneinander auf den beiden mittleren Plätzen einer Viererreihe, bestellen einen Bourbon nach dem anderen, ich lege meinen Kopf auf seinen Schoß, er setzt mir seine Kopfhörer auf die Ohren und ich höre in Dauerschleife, was ich auch später in New York in der Subway in Dauerschleife hören werde, Paul McCartney and the Wings, *Band on the Run: Down in the jungle, living in a tent / You don't use money, you don't pay rent / You don't ever / know the time / But you don't mind.* Als wir irgendwo über Island sind, fährt er mit dem Zeigefinger die Linie entlang, die unser Flug bislang auf der Karte hinterlassen hat, hält an, macht eine schnelle Bewegung nach unten und sagt, *we're goin'a craaaashhh,* ich sage, *stop it, that's not funny*, dann zieht er ein Notizbuch aus seinem Rucksack, öffnet es, schreibt etwas hinein, reißt die Seite heraus und überreicht sie mir. Auf dem Zettel steht:

The expense people enjoy
is hard to hold a candle to
because it dances
and the shadow moves behind

and what else is there
for us
to love

Call me
— Justin

und auf der Rückseite eine Telefonnummer.

*

Wenn ich früher etwas über meine Herkunft erzählt habe, dann habe ich, ohne groß darüber nachzudenken und in fröhlicher Überblendung der Tatsache, dass man nie nur aus *einer* Familie kommt (eine Überblendung, die allerdings nicht von mir kam, sondern die ich übernommen hatte), immer erzählt, ich würde aus »so einer Thomas-Mann-Familie« kommen. Wohlgemerkt hatte ich damals von Thomas Mann nur wenig gelesen, da ich seine Sprache kaum ertrug, ich fand sie in ihrer Langatmigkeit, in ihrem Selbstverständnis, in ihrer gewollten Lückenlosigkeit, und auch in ihrer für mein Empfinden oft allzu offensichtlichen Metaphorik beklemmend und aufdringlich zugleich. Thomas Mann hatte beim Schreiben des *Zauberberg* sehr viel Spaß an Sexualitätschiffren, das ist ganz offensichtlich, und so lustig diese Chiffren häufig sind, kann ich mit ihrem Erzähler trotzdem nicht mitlachen, das Lachen bleibt mir im Hals stecken, und ich glaube, das liegt weder an diesen Chiffren selbst, noch an dem, *was* sie erzählen und zugleich kaschieren, sondern es liegt daran, *wie* erzählt wird, was *nicht* erzählt werden *darf,* das schlüpfrig Durchsichtige an der Art, wie chiffriert wird, es geht diesen Chiffren nie um ein wirkliches Versteckspiel, das auch den Erzähler mit einbeziehen würde, oder um eine Suche nach etwas Unbekanntem, es geht ihnen durchgehend nur um die Lust des Erzählers an und mit sich selbst; seine Figuren, die die Chiffren, die in sie hineingewoben werden, bestenfalls fiebrig und im Traum erahnen (während der Erzähler jederzeit alles über sie weiß und sich genau daraus seinen Spaß macht), sind in erster Linie Instrumente für seine Lust, nie aber wirkliche Spielkomplizen, nie kommt der Erzähler auf die Idee, dass es auch sein könnte, dass diese Figuren mehr über ihn wissen als er über sie, dass sie anderes über ihn wissen, als er über sich selbst zu wissen glaubt, nie lässt er zu, dass sie den Boden seiner Sprache, die sich ihrer selbst allzu gewiss ist, verunsichern, dass sie mit den Körpern seiner Sprache spielen. Der Erzähler kleidet und entkleidet seine Figuren, wie es ihm gefällt; aber niemals zeigt er selbst Haut.

Dass ich aus »so einer Thomas-Mann-Familie« käme, sagte ich als Jugendliche, ohne zu wissen, was »so eine Thomas-Mann-Familie« überhaupt genau wäre, aber offensichtlich war das Gefühl dafür für mich über alle Maßen deutlich. Was ich damit vor allem meinte, war, glaube ich, die Aufdringlichkeit der großbürgerlichen Familienerzählung mit ihrer abgrundtiefen Ambivalenz aus *Du sollst erzählen!* (die Familiengeschichte) und *Du darfst nicht erzählen!* (etwas anderes), das Selbstverständnis der norddeutschen Industriellen- und Seefahrerfamiliendynastien, die Sagen von Großvätern, Urgroßvätern und Ururgroßvätern, die zwischen dem Ende des 19. Jahrhunderts und dem Zweiten Weltkrieg jeweils jahrelang um die Welt gereist und dabei auf allen denkbaren und undenkbaren dunklen Kontinenten gelandet sind, entweder, um zu lernen, wie man handelt, oder, um zu lernen, wie man ein Schiff steuert, oder, um die Welt zu entdecken, oder, um im Krieg zu kämpfen, oder, um Dinge zu tun, von denen nie jemand erfahren wird, und auf der anderen Seite die Depressionen und Härten der Großmütter, Urgroßmütter, Ururgroßmütter, die zu Hause blieben, die die Welt nicht zu sehen bekamen, die zahlreiche tote Brüder oder Söhne zu beklagen hatten, die manchmal nicht mehr leben wollten, deren Sprechen in der Nacht zwischen den immergleichen Hauswänden eingezwängt blieb; von den Kindern gar nicht erst zu reden: *Kinder mitm Willn kriegn eins auf die Brilln*, sagte meine Großmutter immer. Dann die Größe der Häuser, die Vielzahl der Angestellten, der Knabenchor, in dem die Söhne sangen, die Künstler, mit denen man über Generationen hinweg Freundschaften pflegte und deren Bilder überall im Haus meiner Großmutter hingen, die Sagen von Großonkeln, die sich am Apfelbaum erhängten, das alles liegt nicht im 18. oder 19. Jahrhundert begraben, sondern das alles ist *auch* eine Geschichte aus der Mitte des 20. Jahrhunderts, und eine zutiefst deutsche Geschichte zudem: In den 1950er und 1960er Jahren haben sich ja die großen Erzählungen des vorhergehenden Jahrhunderts noch einmal regelrecht aufgebäumt, bevor sie in den 1970er Jahren tatsächlich zu verschwinden begannen. Das Haus meiner Großmutter kannte ich nur noch als Relikt; bis heute stelle ich mir vor, dass das Leben darin in den Nachkriegsjahren ungefähr so gewesen sein muss wie das Leben der Buddenbrooks, nur mit sozialdemokratischen Idealen anstelle von feudalen, mit musikalischen Mündern anstelle von unmusikalischen, und ohne die steif-rauschigen Kleider, nach denen das 19. Jahrhundert klingt. Meine Großmutter sprach st noch wie s-t und sp noch wie s-p, es gab eine überaus starke Identifizierung des Eigenen anhand alles dessen, was fremd war, anders, bekloppt, nich ganz richtich im Kopp, was ich ganz erstaunlich finde angesichts der Tatsache, dass in der Familie zu Zeiten, zu denen es noch lange keine Flugzeuge gab, schon die halbe Welt bereist wurde und man aus heutiger Perspektive meinen würde, damit müsste doch automatisch eine große Offenheit vorhanden gewesen sein, eine Weite in den Blicken und Gesten, aber was stattdessen herrschte, war eine brutale Enge, die immer jemandem die Kehle zuschnürte, und vielleicht liegt es daran, dass man ständig versuchte, sich im Lachen Erleichterung zu verschaffen, aber in einem Lachen, das nie aus vollem Herzen kam, sondern das immer ein Lachen über jemanden war, oftmals eigens inszeniert: Mein ältester Onkel galt immer als etwas tollpatschig, und wenn etwas aus dem Keller zu holen war, so wurde er geschickt, während die ganze Familie um den Tisch saß und gebannt darauf wartete, dass es im Keller schepperte, nur um dann lauthals loslachen zu können. Ich kenne diese Geschichte nur aus Erzählungen, aber in ihr deutet sich unendlich viel anderes an, Geschichten, die *nicht* erzählt werden, weil sie vielleicht auch keiner mehr weiß, keiner mehr wissen will, weil sie zu brutal sind, als dass sie noch eine Sprache finden könnten, was aber nichts daran ändert, dass sich die Zeichen dessen, was nicht erzählt wird oder erzählt werden kann, in die Haut der Nachkommen ritzen wie unlesbare Botschaften, mit denen zu leben man erst einmal lernen muss. »Signs are given to us like a voice within flesh, that is my question«, schreibt Anne Carson, »Zeichen sind uns aufgegeben wie eine Stimme dem Fleisch, das treibt mich um«, übersetzt kongenial Marie Luise Knott: Zeichen sind Reisende durch die Zeit, körperlos, immerzu damit beschäftigt, einen Raum zu finden, in dem sie Körper werden können, immerzu damit beschäftigt, dem Körper, in dessen Raum sie sich einschreiben und einnisten, zu entgehen, weil sie nicht bleiben können, was sie sind, auch wenn sie sich nichts sehnlicher wünschen, als einmal, ein einziges Mal nur zu bleiben, was sie sind: Und die Frage aller Fragen ist also, wie wird man den Zeichen ähnlich, im Fliegen oder im Gehen? Aber vielleicht ist die Antwort ein Rätsel der Sphinx: Welches Tier muss, um gehen zu lernen, seine Flügel schultern—

Das 20. Jahrhundert ist ein Jahrhundert der Migration gewesen, aber es hat auch die Familien gegeben, die genau dort waren, wo sie immer schon gewesen sind, und vielleicht haben sich diese Familien, gerade angesichts der allerorts aufbrechenden Gewissheiten, der allerorts wegbrechenden Böden, nur umso fester eingeschlossen in ihr Haus. Wie Tony Buddenbrook sagt: »Oh, wir sollten niemals fortgehen, wir hier oben!« Dabei hat in dieser Familie nie Angst vor Fremden geherrscht, Gastfreundschaft war selbstverständlich und gehörte zum guten Ton, die Türen standen jedermann offen, aber ich habe an vielen Mitgliedern dieser Familie, vor allem der Nachkriegsgeneration, immer eine schwer fassbare, sehr abgründige Angst wahrgenommen, selbst das Haus verlassen zu müssen, sich selbst in die »Fremde« zu begeben oder begeben zu müssen, und wer weiß schon, woher diese Angst kam, wer weiß schon, ob vielleicht tatsächlich einmal jemand weggeschickt wurde, weil er zum Beispiel nich ganz richtich im Kopp gewesen ist, es gibt eine Geschichte, die eine Großtante im Suff erzählte, dass mal ein Kind nach Australien geschickt worden sei, sie ist längst tot, und niemand weiß mehr. Auch mein Körper kennt diese Angst des Aufbrechenmüssens: Wenn ich auf einen anderen Kontinent reise, bin ich außerstande, Koffer zu packen, ich packe in letzter Sekunde und denke jedes Mal, dass es ohnehin gleich ist, was ich einpacke, ich werde ja nicht mehr zurückkommen, wahrscheinlich nicht einmal ankommen, ich kann auch keine Ohrringe tragen, wenn ich ins Flugzeug steige, keine Ohrringe, keine Schminke, und nur Klamotten, die ich nicht mehr brauche, eine Flugreise weit weg ist wie eine Operation, für eine Operation macht man sich nackt, man lässt sich betäuben, man liefert sich selbst aus, Paket und Botin in einem, aber wem oder was, das weiß man nicht, und man weiß auch nicht, was genau sich in dem Paket befindet, was genau die zu übergebende Sendung eigentlich ist. Man wirft ein paar Beruhigungspillen ein, Diphenhydramin 50 mg, einmal, zweimal, dreimal, die Augenlider werden schwer und die Wolken zum Federbett, sanft und weich, durch ein Federbett kann man nicht durchfallen, man liegt darin warm, weich und geschützt, tief atmend schwebt man durch den Raum, der Traum wird, und durch den Traum, der Raum wird: *Schlaf, Kindlein schlaf.* So kannst du fliegen, sei beruhigt, im Schoß einer schon geschriebenen Geschichte. So kannst du fliegen, sei beruhigt, im Schoß eines fest zementierten Hauses. Du kannst nicht fliegen, sei beruhigt.

Schlaf, Kindlein schlaf.

Mein Körper kennt aber vor allem auch die andere Angst, nämlich die Angst, die überhaupt dazu führt, dass ich in regelmäßigen Abständen Luft holen muss in Sprachen, in denen ich keinen Ort habe, in denen ich unsichtbar und darum unauffindbar bin für die Augen, die mich in die Welt geschrieben haben: Die Angst vor dem Eingemauertwerden in einem Haus, dessen Sprachboden mich nicht trägt, die Angst vor dem Festwerden des Hauses, die Angst vor dem Hauswerden meines Körpers, die Angst, stummschreiend in einem Bett zu liegen, während nebenan ein Fest gefeiert wird, die Angst, dass der Sprachteppich, auf dem ich schwebe, indem ich ihn webe, abstürzt, weil unvorhergesehene Wetterereignisse eintreten, auf die meine Manövrierinstrumente nicht rechtzeitig reagieren können, oder weil am Boden Krieg herrscht und es jederzeit passieren kann, dass eine Kugel in mein Gewebe einschlägt, woraufhin dessen Fäden in Zeitlupe, tonlos und stumm, auf die Erde herabsegeln und anschließend kilometerweit verstreut in der Landschaft liegen, Angst im Haus, Angst vor dem Haus, Angst vor dem Flug über das Haus, Angst vor dem Absturz, dem Sturz aus der Erzählung der Gemeinschaft, Angst, Angst, Angst: Ich kann mir kein Haus vorstellen, in dem es nicht dunkel ist. Und dann hebe ich einfach ab, allein, und die Frage, warum zu *erzählen* mir immer wieder vorkommt wie ein Verrat (aber an wem oder was?) bleibt am Boden, nichts scheint leichter und selbstverständlicher, als unterwegs zu sein, woanders zu landen, unterwegs verschieben sich alle Fragen, im Flugzeug muss ich immer daran denken, was Nuria einmal zu mir sagte, während sie in der prallen Sonne mir gegenüber in einem Café hinter der Heiliggeistkirche in Heidelberg sitzend an ihrem Iced Coffee schlürfte und durch eine Art Rümpfen der Nase versuchte, ihre übergroße Sonnenbrille hochzuschieben, *ich glaube nicht, dass es so ist, dass ein Mensch Fragen hat, sondern so, dass Fragen einen Menschen haben.* Zehn Jahre später frage ich mich, wann Liebe zu groß wird für Freundschaft und wundere mich über die Zärtlichkeit, die heute in dem Schweigen liegt, das damals so plötzlich und einschneidend vom Himmel fiel, dass ich sie, die mich nicht mehr grüßen konnte, irgendwann nicht einmal mehr sah, obwohl wir im gleichen kleinen Stadtteil der gleichen Kleinstadt lebten, in den gleichen Cafés und der gleichen Bibliothek saßen und durch die gleichen Straßen liefen, oftmals zufällig zur selben Zeit. Es gibt nichts Traurigeres, als ein Gesicht nur noch mit Verzögerung wiederzuerkennen, dessen Sprechen man einmal so sehr begehrt hat.

*

Martin Heidegger schreibt: »Die Sprache ist das Haus des Seins. In ihrer Behausung wohnt der Mensch. Die Denkenden und Dichtenden sind die Wächter dieser Behausung.«

Albertine Sarrazin schreibt: »So lösen sich der Dämon und die Weisheit ab, um über mich zu wachen, bis die knirschenden Spitzen, die über meine Haut spazieren, innehalten, bis ich mich versöhne und einschlafe, mit zerfetztem Herz und unterworfenem Leib.«

Rainer Maria Rilke schreibt: »Singender Gott, wie hast du sie vollendet, dass sie nicht begehrte, erst wach zu sein?«

Albertine Sarrazin schreibt: »Ist ja gut! Ich tue so, als fielen mir plötzlich die Augen zu, ich wünsche allen entspannt und vertraulich gute Nacht und drehe mich zur Mauer, binde meine Fluchtinstinkte an ihr fest, bis morgen früh.«

Martin Heidegger schreibt: »Deine Briefe sind mir immer ein Symbol unseres wirklichen Lebens in unserem eigenen Haus.«

Albertine Sarrazin schreibt: »Heute habe ich den Bau gewechselt, heute bin ich im Koma.«

Martin Heidegger schreibt: »Grüße das Häuschen u. alle die drinnen sind. Innig küßt Dich, Seelchen

Dein

Bub.«

*

Haut, f.: alts. hûd; *ags.* hŷd, *engl.* hide; *fries.* hûd *und* hêde; *nl.* huyd, huid; *altn.* hûð, *schwed. dän.* hud; *ahd.* hût, *plur.* hû tî *und später* hiute, *mhd.* hût, *plur.* hiute. *das wort ist urverwandt dem lat.* cu-tis *und* scu-tum, *griech.* κύ-τος *und* σκύ-τος, *und gehört, wie unter* haus *angeführt ist, zur sanskr. wurzel* sku *bedecken, verhüllen, so dasz der ursprüngliche allgemeine sinn hülle, berge zu grunde liegt.* (Grimmsches Wörterbuch, Lemma »Haut«)

Haus, n.: *so dasz das alte* hû-s *zunächst für* hû-is *steht und als enger verwandter von ahd.* hû-t, mhd. hau-t, *mit anderm suffix, gelten musz; die beiden gemeinsame wurzel tritt in den deutschen dialecten mit einfachem anlaut* h, *der aus älterem* k *hervorgegangen ist, auf, in den urverwandten sprachen mit dem verstärkten anlaut* sk, altind. sku *bedecken, bergen,* skunati *er bedeckt, griech.* σκευ-ή *kleidung, rüstung,* σκύ-νιον *augenbraue,* σκύ-τος *haut, leder, lat.* scû-tum *schild. hiernach hat* haus *den allgemeinsten sinn eines mittels zum bergen, eines unterschlupfs, einen sinn den wir auch an dem gleicher wurzel entstammenden* hütte *hervortreten sehen werden.* (*Grimmsches Wörterbuch*, Lemma »Haus«)

*

Vor einigen Jahren sollte mich einmal eine spontane Reise, für die ich nichts weiter packte als einen kleinen Wanderrucksack, nach Australien führen. Ich lief frühmorgens von Berlin los, und als ich nachmittags dachte, das müsse ja nun langsam Australien sein, fragte ich die nächstbeste Person, *excuse me, is this Australia?,* und die nächstbeste Person antwortete, *no my dear, this is Afghanistan,* ich wunderte mich, wie ich Australien mit Afghanistan hatte verwechseln können, *halber Weg also erst,* dachte ich, und dann dachte ich, dass es wahrscheinlich einfach daran lag, dass die Blumen, die wuchsen, sehr schön waren. Ich betrat einen Aufzug, fuhr einige Stockwerke abwärts und stieg an einem Fluss aus, an dem sehr viele sehr laut lachende Frauen standen, beschäftigt mit dem Waschen von Kleidern, ich war im Glückszustand der Reisenden, die wenig versteht und über Vieles staunt, aber am glücklichsten war ich darüber, dass mich niemand beäugte, die Frauen bemerkten mich wohl, schienen mich aber nicht als Fremdkörper wahrzunehmen, nicht als Bedrohung, und ich wollte ja auch nichts anderes, als meine Kleider zu waschen, was vielleicht nur geht an einem Ort, den man für etwas anderes hält, als was er ist: Und wer weiß schon, wie die Frauen, hätte ich sie gefragt, das Land genannt hätten, an deren Fluss sie standen, vielleicht hätten sie gesagt, *yes my dear, this is Australia*, und hätte ich dann wieder die nächstbeste Person gefragt, vorausgesetzt, ich hätte den Weg zurück zur nächstbesten Person überhaupt gefunden, hätte sie womöglich immer noch gesagt, *no my dear, this is Afghanistan*, und am Ende bin ich, wie es immer so ist, doch in jedem Falle am besten beraten damit, die Namen zu vergessen und einfach meinen Füßen zu vertrauen und dem Glücksgefühl, das, wenn es sich einstellt – selten genug –, immer zunächst in den Füßen ist und erst später auch an den anderen wiederkehrend offenen Stellen, zum Beispiel im Herzen, zum Beispiel im Kopf.

Nomadische Affirmation, nach Blanchot: Ja, aber meine Füße wollen von anderen Körpern sprechen. Abraham statt Odysseus, nach Levinas: Meine Füße langweilen sich in diesen Ländereien. Ich habe dringendere Fragen, lange schon. Meine Füße wollen von gebärenden Körpern sprechen, aber weder Odysseus noch Abraham verstehen etwas von Austragung und Geburt, vom Gehen zwischen den Zeilen.

Mehrfach bin ich schon auf dem Weg nach Island gewesen: Ich muss irgendwo bei Neuseeland, Grönland oder Kanada sein, eingehend studiere ich Google Maps und versuche, Anhaltspunkte dafür zu finden, wo genau mein Aufenthalt auf der Karte zu verorten wäre, aber Google Maps findet mich nicht, wahrscheinlich bin ich ganz woanders, in einem Ausschnitt, den Google Maps gerade nicht anzeigt, jedenfalls besteige ich entlang einer serpentinenartig sich um einen Mittelpunkt schlängelnden Straße einen Berg, ganz oben auf dem Gipfel des Berges ist ein Café, und im ersten Stock dieses Cafés liegt Island, Menschen sitzen gemütlich in Sesseln, trinken Kaffee, sind schrecklich freundlich, ich betrete die Szene fast unbemerkt, verstohlen schleiche ich mich hinein in einen Raum, den ich mir nicht ausgedacht habe, und bin, wie immer, stille Beobachterin, stehe am Rand, aber das macht mir nichts aus, ich kenne die Ränder, weil ich sie suche, weil ich woanders nicht sein kann, am Rand muss man nur aufpassen, dass man nirgends herabstürzt, aber diese Gefahr besteht hier auf Island nicht, Island ist ein Raum begrenzt von großen, weit geöffneten Fenstern, nirgends sonst kann die Aussicht so schön sein, ich suche mir einen Platz an einem offenen Fenster und bleibe dort sitzen, sehr lang.

Fisterra ist der galizische Name des Ortes, den die Römer für finis terrae, das Ende der Welt, hielten, und von dort sind es noch etwa drei Kilometer bis zu dem Felsen namens Kap Finisterre, auf dem es sommers jeden Abend nach Rauch riecht, weil der Pilgerbrauch vorsieht, dass man dort, wo das Wasser den Weg beendet (welcher Weg wird nicht zu Wasser?), ein Kleidungsstück verbrennt (welches Kleidungsstück wird nicht zu Feuer?). Wer außerdem ein Bad im Atlantik nimmt, erwacht am nächsten Morgen als neuer Mensch, so sagt man. Den Kleidern, die brennen, sieht man die Spuren des Weges an. Was ich sagen kann: Dies ist Galizien, und ich habe über hundert Wörter für »Regen« gelernt. Jedes trägt ein anderes Grün (welches Grün wird nicht zu Erde?). Was ich sagen kann: Zieht der Tag mit Wanderschuhen los, lernt auch die Nacht das Gehen (welcher Schuh ist nicht auch Fluggerät?). Ohne Frauen würde es weder Tag noch Nacht geben, sagt ein japanisches Sprichwort. Hesiod sagt: Niemals birgt das Haus sie beide, Tag und Nacht, zusammen; immer hat eines das Haus verlassen und wandert über die Erde, während das andere drinnen im Haus die Zeit seines Aufbruchs erwartet.

Später, ich weiß nicht, ob Jahre oder nur Monate später, lande ich in Tokyo, an den Flug selbst erinnere ich mich diesmal nicht: Ich komme an in einer riesigen, wimmeligen Halle, die aussieht und so groß zu sein scheint wie eine ganze Stadt, stelle mein Gepäck irgendwo ab und suche nach dem Zug, der mich nach Kyoto bringen soll, einen Zug finde ich nicht, stattdessen aber eine Art Gondel, ich frage den Betreiber, ob diese Gondel nach Kyoto fahre, er versteht mich nicht, aber in der Gondel sitzt schon jemand, der zufälligerweise meine Sprache zu sprechen scheint, er bejaht, dass die Gondel nach Kyoto fahre, ich steige ein und setze mich neben die Person, und in dem Moment fahren wir auch schon los, womit ich anscheinend nicht gerechnet habe, denn dummerweise steht mein Gepäck, auch mein Rucksack, in dem sich mein Laptop und alles andere befindet, was ich zum Arbeiten brauche, immer noch irgendwo in einer Ecke der Halle, mein Mitreisender sagt, das sei nicht weiter schlimm, die Fahrt dauere nicht lang, ich könne ja einfach die nächste Gondel zurück nehmen und das Gepäck nachholen, aber dann kommen wir in Kyoto an, was übrigens wieder einmal auf einem Berg liegt, werden empfangen und über winklige Treppen durchs Haus geführt, und ich komme irgendwie nicht mehr dazu, zu sagen, dass mein Gepäck noch in der Halle steht, geschweige denn dazu, noch einmal zurückzufahren, zu wichtig wird auf einmal die Frage, warum Tokyo eine Halle sein soll und Kyoto ein Haus.

*

Ein japanisches Sprichwort sagt: *Die Güte des Vaters übersteigt die Höhe der Berge, die Güte der Mutter geht tiefer als das Meer.*

Die Sphinx ist ein Mischwesen mit dem Kopf und den Brüsten einer Frau, dem Körper eines Löwen und den Flügeln eines Mannes. Sie wohnt auf dem Berg, den du zu erklimmen suchst. Sie bewacht die Stadt, die du beherrschen willst. Löst du ihr Rätsel nicht, verschlingt sie dich. Löst du ihr Rätsel, stürzt sie sich in die Tiefe, aber glaube nicht, dass du deswegen schon weißt, wo deine Mutter wohnt.

In Tokyo gibt es keine Raubkatzen, aber wenn man jemanden nach dem Weg fragt, sagt er, er kennt den Ort nicht, den man sucht.

In Osaka gibt es Raubkatzen. Wenn man sie nach dem Weg fragt, sagen sie: Da, geradeaus! Aber sie kennen den Ort auch nicht.

*

An großen Städten habe ich immer gemocht, dass man in ihnen fast vollständig verschwinden kann, ohne deswegen gleich aus der Welt zu fallen, New York zum Beispiel, Justin treffe ich wieder auf der 39. Straße zwischen Madison und Park Avenue, herumirrend, da ich den Eingang zu The Raines Law Room nicht finde, er schreibt mir, dass er sich wenige Minuten verspäte, und dann taucht er auf mit der Sonnenbrille auf der Nase und den Gedichten im Kopf, die er immer schnell schreibt und immer unterwegs, um sie Leuten in die Hand zu drücken, denen er damit ein breites Grinsen ins Gesicht zaubert, manchmal auch Verwunderung oder Erstaunen, es ist Anfang Februar, die Stadt wird sich monatelang abwechselnd in T-Shirts mit Flipflops und Mänteln mit Stiefeln kleiden, sie wird sich monatelang nicht entscheiden können zwischen Frühlingssonne und Schneesturm, New York ist eine Stadt im Wetter, die Menschen in New York sind Menschen im Wetter, zumindest, bis Justin mich die Kellertreppe herabführt und an eine Tür klopft, woraufhin wir hereingebeten werden und Platz nehmen, und dann ist es fast so, als wären wir hier zu Zeiten der Prohibition, als würden wir heimlich unseren Bourbon trinken und nicht einmal die Stadt selbst wüsste, dass wir hier sind, mitten in ihr, aber die Stadt weiß natürlich in Wirklichkeit genau, dass wir hier sind, sie weiß auch, dass ich es leicht habe in ihr mit der Sprache, nicht nur, weil ich in einem Speakeasy sitze und ein Gefühl von Heimlichkeit habe, ohne das ich nichts sagen kann und an dem die Tatsache, dass die Stadt mich kennt, hier nichts ändert, sondern auch, und das zuerst, weil ein großes Meer liegt zwischen den Hauswänden der deutschen Psyche und meiner Haut, ein großes Meer und ein langer Flug.

Die Wände haben Ohren, die Türen haben Augen, sagt ein japanisches Sprichwort: Aber japanische Wände und Türen sind traditionell aus Papier, Wände und Türen sind traditionell dasselbe, die Wand wird Tür, und die Tür wird Wand, Innenraum und Außenraum sind nicht strikt voneinander getrennt, sondern werden sorgsam und mit multiplen Übergängen aufeinander hin konzipiert und inszeniert, was auch heißt: Es gibt immer jemanden, der dich belauscht, und wenn es dein Garten ist. Und wenn es dein Regen ist. Sei auf der Hut, aber mauere dich nicht ein in deiner Hut. Mauerst du dich ein in deiner Hut, werden die Augen und Ohren deiner Türen und Wände starr. Dann ist das Spiel aus, bevor es überhaupt begonnen hat. Das *Grimmsche Wörterbuch* verweist nicht auf eine Verwandtschaft zwischen Hut, Haus und Haut, aber dass es eine solche Verwandtschaft nicht gibt, scheint mir abwegig: »Hut, die: Schutz, Geborgenheit‹, ahd. *huota* ›Bewachung‹ (um 1000), mhd. *huot(e)* ›Bewachung, Schutz, Fürsorge‹, auch ›Wächter, Hinterhalt‹, mnd. *hōde* ›Bewachung, Wache, Schutz, Hütung des Viehs, Viehweide‹, mnl. nl. *hoede* ›Bewachung, Aufmerksamkeit, Verwahrungsort‹« (*DWDS*, Lemma »Hut«). Und dann der Hut, die Bedeckung oder Bedachung des Kopfes, eine Art Haut über der Haut. Heidegger, Sprache als Haus des Seins, Dichtende und Denkende als ihre Wächter: Ja schläft denn etwa der Griffel der Dichtenden und Denkenden nie? Sicher ist: Keine Denkerin, keine Dichterin, keine Frau, *die schreibt*, ist jemals Wächterin irgendeiner Behausung, irgendeines Hauses gewesen. Die schreibende Frau ist die Eingeschläferte, Hingelegte, Hingelesene, Hingelogene oder Hinterlegte dieses Hauses, wie der Denker/Dichter es sich erträumt: Denn in Wirklichkeit ist immer er selbst der Schlafende, der ihr schimärenhaftes Erscheinen in seinem eigenen Traum für ihr Träumen hält, weshalb er glauben kann, dass sie diejenige sein muss, die schläft und er derjenige, der wacht. Die schreibende Frau ist keine Wächterin eines Hauses, sondern eine Hand, die eingreift in den Traum, der sein Hausbewachen ist, und ihm entwendet, was er für die »Wahrheit« oder »Wirklichkeit« dieses Hauses hält: Immer geht es in dieser Geschichte um die Frage, wer wacht (stehend spricht, »Wahrheit sagt«) oder träumt (stehlend spricht, liegend spricht, »lügt«, leakt). Wo es Wächter gibt, soll immer etwas oder jemand unhörbar gemacht werden, sonst bräuchte es keine Wächter. Das Wachen des (männlichen, weißen, das versteht sich von selbst) Denkers/Dichters über die Sprache als Haus (den erstarrten, darin aber auch kollaborativen weißen-weiblichen Körper: Europäische Geschichte schafft es ja tatsächlich, den ausgebeuteten nichtweißen-weiblichen Körper aus ihrem ›logischen‹ Assoziationsgefüge vollständig herauszuhalten) ist nicht nur ein Wachen darüber, dass kein Fremder in es eindringt, sondern auch darüber, dass niemand und nichts aus ihm herausdringt. Kein Wort, keine Stimme, kein Ton. Wächter hüten das Gesetz, d.h. die Art und Weise, wie gesetzt wird, wie Buchstaben in die Muttererde gebrannt werden, wie sie durchgeschlagen werden auf das andere Blatt. Keine Geschichte ohne Schreibgrund, kein Gesetztes ohne Untergrund, keine Setzmaschine ohne Wärter und Wächter. Kafka hat die performative Schleife des Gesetzes zum tragischen Witz über die Uneinholbarkeit des Schreibprozesses gemacht: Sein »Mann vom Lande«, der verstehen will, wie sich die Schrift und ihre Legalität/Lesbarkeit verfertigt, tut jahrelang nichts anderes, als vor dem bewachten Tor zu *sitzen* und darauf zu warten, dass er endlich eintreten darf. Stattdessen wird das Tor geschlossen, während er stirbt, und das Paradies, der imaginierte Ort der vollkommen erleuchteten Schrift, der Ort, an dem das, was schreibt/setzt, sich selbst vollkommen durchsichtig wird, wo es ein für allemal *sitzt*, seine andere ein für allemal *besitzt*, so, dass sie de facto gar nicht mehr da ist (die älteste Phantasie des Herrn), der Ort, an dem endlich nicht mehr geliebt und gelitten werden muss, ist verzogen an einen unbekannten Ort. Die Frau kommt *vor dem Gesetz* nicht vor: Sie bleibt als Figur entweder ganz außerhalb (des Textes, des Gesetzten) oder wird in dessen Innerem in so tiefen Schlaf versetzt, dass niemand auf die Idee kommt, sie könnte darin versteckt sein.

Schlaf, Kindlein schlaf.

Warum will die deutsche Sprache nur Bedachtes denken, also Bewachtes? Die Dringlichkeit dieser Frage, das Geschlecht dieser Frage, hat nicht nur Heidegger nie verstanden.

Als ich stürze, ist es fünf Uhr nachmittags. Die schlimmste Hitze habe ich im Schatten eines Baumes verbracht, direkt neben einer Wasserquelle, und mich erholt wieder auf den Weg gemacht, als die Sonne ein wenig tiefer steht. Meinen Schrei und das dumpfe Aufschlagen meiner Stirn auf dem steinigen Weg hören allenfalls die Salamander, die über den Weg huschen, von Menschen weit und breit keine Spur. In Südwestfrankreich gibt es nichts als

Landschaft, Ortschaften erreicht man nur bei Gelegenheit. Ich fasse mir mit der Hand an die Stirn, sie ist voller Blut. Der nächste Ort ist zwölf Kilometer entfernt und ich versuche, mir mit meinem kostbaren Wasser Blut und Schmutz von der Stirn zu waschen. Ich blute zu stark. Die Gegend ist verlassen, es ist später Nachmittag, alle Wanderer, von denen es hier ohnehin nicht viele gibt, müssen mir längst voraus sein, ich brauche nicht damit zu rechnen, dass mir noch jemand begegnet. Ich irre mich und das ist mein Glück. Ich werde aufgelesen und mitgenommen. Für den Rest des Tages tragen andere mein Päckchen und mir ist es auch am nächsten Tag noch zu schwer. Ich bleibe in Limogne en Quercy in einem romantischen Garten. Meine Augen sind blutunterlaufen und jemand sagt, das sei normalerweise das Zeichen für eine Gehirnblutung. Mit Clothilde aus Bordeaux, die keine Redepausen einlegt, laufe ich am nächsten Tag bis zu einem Kloster; dort bleibe ich vorerst. Am Anfang meines Studiums habe ich einen Professor einmal gefragt, warum Sein mehr sei als Nichtsein, ich könne logisch keinen Unterschied erkennen. Er sagte, weil Sein eine positive Setzung ist. Die Sonnenblumen in der Gascogne stehen noch in voller Blüte. Man lässt sie vertrocknen und mäht sie dann wie Getreide, um die Saat zu gewinnen. Noch mindestens eine Woche lang schlagen die Leute die Hände über dem Kopf zusammen, wenn sie mich sehen. Die Geschichte eilt mir voraus und macht sich selbständig. Wo ich hinkomme, hat man schon von mir gehört. Ich sei ohnmächtig gewesen, ich hätte mir beide Arme und ein Bein gebrochen, man habe mich tragen müssen zum nächsten Ort. Nein, sage ich. Ich bin nicht ohnmächtig gewesen, ich habe mir nicht beide Arme und ein Bein gebrochen, man hat mich nicht tragen müssen zum nächsten Ort. Ein japanisches Sprichwort sagt: Das Kind, das am Tage geboren wird, gleicht dem Vater, und das in der Nacht geboren wird, der Mutter. Welcher Tag geht nicht durch die Nacht, und welche Nacht geht nicht durch den Tag? Sicher ist: Es gibt kein Kind, das am Tag ge-

boren wird, aber wenn Geschlecht eine Frage der Geburtsstunde
sein kann, kann es auch eine Frage der eigenen Träume sein, wie
bei den Yuma: Träumst du von einer Waffe, bist du fortan für alle
praktischen Zwecke ein Mann. Sicher ist: Das Gehen ist die ein-
zige Art der Fortbewegung, die Tag und Nacht nicht gegeneinan-
der ausspielt. Es stimmt daher nicht, was Hesiod sagt; denn Tag
und Nacht sind nicht verschiedene Körper mit verschiedenen Ge-
schlechtsmerkmalen und je zwei Beinen, von denen nur entweder
das eine oder das andere um die Erde wandert, das heißt schreibt.
Sie wandern zusammen, oder gar nicht. Die Sphinx fragt: Wel-
ches Tier fliegt mit einem Bein und liegt mit dem anderen? Sicher
ist: Wie bei allen Fragen geht es auch hier um einen Buchstaben.

*

Ich weiß noch in jedem Detail, wie das Haus meiner Großmutter aussah. Die Ahnengalerie über dem Esstisch, der
Steinway-Flügel vor der Terrassentür, die Schrankwand, in
der Jahrzehnte alte, steinharte Springerle mit den Köpfen
von Mozart, Beethoven und Schubert lagen, an denen ich
manchmal heimlich knabberte, die riesige Sofagarnitur, das
Fernsehzimmer, in dem der Mandala-Spielball im Regal lag,
ich weiß noch genau, wie es roch, es roch irgendwie alt, ein
bisschen muffig, es roch so, wie es in Häusern riecht, deren
Einrichtung fünfzig Jahre lang nie offiziell verrückt geworden ist, und wenn wir zu Besuch waren, gab es jeden Mittag Kartoffeln, dazu Fleisch, dazu entweder Bohnen oder
Blumenkohl, ich erinnere mich an das Knarzen der alten
Parkettböden, an die »Geheimgänge«, wie wir sie nannten,
womit wir die sogenannten Kabuffs meinten, die es an
zahlreichen Stellen im Haus gab, und in die keine richtigen
Türen führten, sondern übertapezierte Minitürchen, durch
die man kriechen musste, und an die man teils nur schwer

herankam, weil sie zum Beispiel zwei Meter über der Treppe lagen, und für die man zudem einen Schlüssel brauchte, um überhaupt hineinzugelangen: Aber Schlüssel gab es genug, im Flur stand eine kleine rote Truhe, die bis oben hin gefüllt war mit Schlüsseln, und wir mussten nur lang genug suchen und ausprobieren, dann fanden wir einen, der passte, und kletterten oder krochen in diese niedrigen Räume, natürlich immer in der Hoffnung, darin auf ein Geheimnis zu stoßen. Einer dieser Eingänge befand sich über der Treppe, viel zu hoch, als dass wir ohne Hilfestellung hätten hineinklettern können, zudem war uns das Hinaufklettern verboten worden, was das Verlangen danach natürlich nur verstärkte. Tagelang planten wir in Geheimsitzungen auf dem Dachboden, wann und wie wir in diesen Gang gelangen könnten, und als es so weit war – die Erwachsenen waren ausgegangen, nur eine Tante sollte auf uns aufpassen, sie saß im Wohnzimmer –, bauten wir, zwei Cousinen, mein Bruder und ich, Räuberleitern und kletterten hinauf. Bis heute bin ich felsenfest überzeugt, dass am anderen Ende des Raumes auf der linken Seite eine große hölzerne Truhe stand; wir kamen jedoch nicht dazu, weiter nachzuforschen, denn mein kleiner Bruder stieß sich an einem Balken den Kopf an und heulte laut auf, woraufhin die Tante schimpfend aus dem Wohnzimmer kam und uns schnellstens herunter beorderte.

Die endlose Wiederholung der Geschichten, über die sich diese Familie ihrer selbst versicherte und anscheinend auch aus zutiefst im Kabuff vergrabenen Gründen versichern musste, transportierte einen Imperativ: Präge es dir gut ein, und vor allem, erzähl es weiter!, aber dieser Imperativ, die Geschichte weiterzuerzählen, war der Imperativ eines kippenden Bodens, eines sich auftuenden Spalts, einer einbrechenden Nacht. Erzähl es weiter, damit keiner auf die Idee kommt, es könnte alles ganz anders gewesen sein; oder:

Erzähl es weiter, vererbe es weiter, damit keiner hört, dass zwischen diesen mächtigen deutschen Hauswänden etwas zu sprechen versucht, das keinen Ausgang findet, oder keinen Eingang findet, etwas, das nicht gehört wird, nicht dazugehören darf. Erzähl es weiter, damit der Erzähler bleiben kann, wer er ist, damit er angezogen bleiben kann und euch beobachten kann von einem sicheren Ort aus, während ihr euch nackig macht; verrate den Erzähler nicht, der alles sieht, der die Wahrheit kennt, der seine wachende Hand jederzeit über dein Auge legen und es verschließen kann, wenn er will. Keine Person, keine Figur, sondern eine Instanz, die in jedem Wort wirkt, das gesprochen wird zwischen den Wänden des Hauses, das weitergeschrieben werden soll: das ist ja der Erzähler –, und der sich entscheidet, nur die Geschichten zu erzählen, die auf den knarzenden Parkettböden des Hauses für jedermann sichtbar von einem Raum in den anderen gehen, Geschichten, die am Ende vielleicht das Haus verlassen und die Firma aufgeben müssen, öfters stirbt auch jemand, aber immer noch mit angeblich festestem Sprachboden unter den Füßen. Kann denn dieser Erzähler wirklich das Drama nicht wahrnehmen, das sich im Inneren dieser Geschichten abspielt, oder will er es nicht wahrnehmen, will er nicht sehen, wie seine Figuren von den Hausdächern stürzen, wie sie durchs Treppenhaus taumeln, wie der Sprachteppich, den er ihnen ausrollt, unter ihren Füßen wegrutscht, wie sich der Boden auftut und jemanden verschlingt?

Die *Buddenbrooks* sind einer der Herkunftsfamilien Thomas Manns nachempfunden; zwei der drei Geschwister Thomas Manns haben Suizid begangen, mindestens eins seiner Kinder, möglicherweise auch zwei, haben ebenfalls Suizid begangen, aber der Tod, wenn und wie er bei Thomas Mann auftaucht, wird immer mit dem Pathos der tragischen Unausweichlichkeit von Krankheiten eines »es kam, wie es kommen musste« zelebriert, häufig im Zusammenhang mit verbotenen Liebesgelüsten. Bevor der Tod ein Loch in den Sprachboden des Erzählers reißen könnte, schließt dieser die Tür des Hauses seiner längst gebauten Geschichte, der Tod beendet die Geschichte, wird aber nie unheimlich, ist nie Ausgangspunkt, gräbt sich nie in die Art und Weise ein, wie erzählt wird, bringt den Erzähler niemals dazu, sich selbst fremd zu werden; der Erzähler weiß von Anfang an alles, was es zu erzählen gibt, nie gibt es etwas, das er erzählen muss, ohne vielleicht überhaupt genau zu wissen, worum es eigentlich geht, nie gibt es jemanden, der irgendwo schreit, ohne gehört zu werden, und nie kommt er auf die Idee, dass dieses sein vermeintliches Wissen, das »an und für sich gleichgültige Material, aus dem das ästhetische Gebilde in spielender und gelassener Überlegenheit zusammenzusetzen ist« (Tonio Kröger), diese an und für sich gleichgültige Mutteroberfläche/dieser an und für sich gleichgültige Tod seiner Geschichte, nicht nur ein Tod ist, den *sein eigener Blick* produziert, sondern dass vor allem keine Ironie der Welt ihn selbst aus der Enge retten kann, mit der er sich in seine Figuren schreibt. »Das Ganze beschreiben« (Tonio Kröger): ein (Material-)Körper, der schon da liegt, *noch* tot, wartend darauf, dass der Mann mit dem Stift, der Denker und Dichter, kommt, die Haut dieses Körpers mit Zeichen übersät und ihm so Leben einhaucht; aber warum haucht er ihm dieses Leben überhaupt ein? Nur, damit er ihn anschließend wieder sterben lassen und glauben kann, er sei Herr über Leben und Tod? Ein Ganzes *schreiben* dagegen: Ja – *Ein Ganzes schreiben*, das heißt einen Körper schreiben, der nicht erstickt unter der Hand seines sich nicht zu erkennen gebenden Erzählers; ein Körper ist ein Ganzes, und trotzdem weder verschlossen noch abgeschlossen, ein Ganzes, das von niemandem *be*schrieben werden muss, um anschließend eine bessere Tote zu sein, sanft gebettet als lieblos Hingelegtes, als leblos Gelesenes (*le lit*: Bett der Geschichte, im Bett wird geboren und gestorben, das Bett, das Gelesene: textueller Ort der Frau, des austragenden Körpers, aber auch: Ort des Verkehrs und der Verkehrung, an dem nichts ist, was es zu sein scheint), sondern ein Ganzes, das schreibt, ein Ganzes, das schreiben muss, um leben zu können.

»Da öffnete sich die Korridortür, und von der Dämmerung umgeben stand vor den beiden, in einem faltig hinabwallenden Hauskleide aus schneeweißem Pikee, eine aufrechte Gestalt. Das schwere, dunkelrote Haar umrahmte das weiße Gesicht, und in den Winkeln der nahe beieinanderliegenden braunen Augen lagerten bläuliche Schatten. Es war Gerda, die Mutter zukünftiger Buddenbrooks.«

Im schneeweißen Kleid, mit weißem Gesicht (wie Papier), erscheint Gerda in der Dämmerung (der Buchstaben): Gebärmutter des weiteren Verlaufs der Geschichte, tritt sie nicht mit eigener Sprache in Erscheinung, sondern wandelt durch den Roman wie ein schleierhaftes Muttermateriengeheimnis, schön, exotisch, verführerisch, aber auch ein Fremdkörper, musikalisch zwar, aber wortarm, das Sprechen überlässt sie den anderen, denen, die immer schon dagewesen sind – und der Erzähler (auch einer, der immer schon dagewesen ist) weiß über sie ebenfalls kaum etwas zu sagen, er charakterisiert sie mit den immergleichen Oberflächenbeschreibungen ihres Körpers, selbst seine sonst so allgegenwärtigen Wertungen unterlässt er, wenn es um Gerda geht. Die papierne Gebärmutter: stummer Austragungsort der Geschichte – oder aber: Einfallstor für Andersheit, Fremdheit, Verfall oder Verlust der »eigenen« Geschichte; das wird Gerda am Ende gewesen sein, denn der einzige Sohn, den sie zur Welt bringt (ihr ähnlich, der Fremden/anderen, nicht dem Vater, dem Heimischen/Identischen), geht fieb-rig in falscher Lust zugrunde, und mit ihm das Haus, die Geschichte, die Familie. Was, wenn das weiße Blatt nie weiß gewesen ist? Es ist nie weiß gewesen, Thomas Manns Erzähler weiß das durchaus, hat aber keine Sprache dafür; Andersheit, Fremdheit, Verfall, Verlust, Tod, Frau, Schrift: Das gibt es bei ihm immer erst ganz am Ende einer auf festem Boden erzählten Geschichte, dann, wenn der Geschichte und ihrem Erzähler (paradoxerweise) schon längst nichts mehr passieren kann.

Als wir uns an den Händen fassen und ins Meer rennen, ist es fünf Uhr morgens. Die bunten Fischerboote, die im Dunkeln vor Anker liegen, schaukeln leise in der geschützten Bucht, und das Meer ist salzig und kalt. Manche von uns haben ihre Schuhe vom Kap aus ins Meer geworfen oder an einem ausgesuchten Platz zurückgelassen; aber auch die, die ihre Schuhe wieder mit heimnehmen wollen, sind jetzt barfuß. Die Bar ist unspektakulär und typisch spanisch. Zigarettenkippen, die Hüllen von gesalzenen Sonnenblumenkernen, benutzte Servietten und anderer Unrat sammeln sich am Boden vor dem Tresen. Wenn man morgens an einem der kleinen runden Tische einen Café con leche trinkt und ein paar Scheiben Toast verdrückt, ahnt man nicht, dass man am selben Ort nachts Freudentänze aufführen kann. Wir tanzen zu spanischer Volksmusik die ganze Nacht. Auch die Einheimischen, von denen sich manche in Abendgarderobe geworfen haben, lassen ihren braven Samba alsbald mitsamt Schuhen und Strümpfen unter die Tische fallen. Der Kellner bringt flaschenweise Champagner. Wir fallen uns minütlich um den Hals. Die Nacht ist lau und der Moment ewig. Um vier Uhr morgens verstummt die Musik und die Lichter gehen aus. Wir laufen zur nächstgelegenen Bucht. Wir legen unsere Kleider auf einem Boot ab, das am Strand liegt. Der Sand, über den wir laufen, ist warm und weich. Das Salz des Meeres brennt noch leicht auf der Haut, als wir schon längst wieder in unsere Kleider geschlüpft sind und die Müdigkeit in unseren Gliedern spüren. Ich bin mehrere Monate gelaufen, erst durch Frankreich, dann durch Spanien, und auf jedem Berg habe ich eine Sphinx gesehen. Nie stellte sie mir Fragen. Der Wille einer Frau dringt auch durch Felsen, sagt ein japanisches Sprichwort; ich frage die Sphinx: Welcher Körper ist nachts aus Wasser, morgens aus Luft und mittags aus Fels? Und wann wird, im Angesicht des Wassers, seine Kleidung brennen.

*

Als Kind konnte ich allein fliegen, ohne Flugzeug, ich träumte so oft und so eindrücklich vom Abheben, dass ich heute noch überzeugt davon bin, dass mein Körper eigentlich genau weiß, was er tun muss, um die Erdanziehung außer Kraft zu setzen; er muss nur fest auf einem Fleck stehen, sich von Kopf bis Fuß anspannen, die Arme eng an sich pressen, und dann alle Konzentration aufs Abheben richten. Man muss eine Weile so stehen bleiben, eine Weile, in der weder die Anspannung noch die Konzentration nachlassen darf, sonst gelingt der Abflug nicht; ist man auch nur eine Sekunde lang abgelenkt oder unaufmerksam, muss man wieder von vorn beginnen. Gelingt er dann, nach etwa einer halben Minute, die man so dasteht, höchst konzentriert, so schraubt man sich schnurgerade himmelwärts, bis man irgendwann weit genug oben ist, dass man nicht mehr einfach auf die Erde zurückfallen kann; dann breitet man die Arme aus und legt sich längs in die Luft.

Eine Zeitlang, ich weiß nicht mehr, in welchem Alter, habe ich mir die Jahreszeiten als Abschnitte des Gehweges vorgestellt, der drei Seiten der Pferdekoppel umgab, an deren vierter Seite die Reihenhäuser standen, in deren Nummer Drei ich aufgewachsen bin. Die Monate waren getrennt durch beigefarbene Springseile, die quer über den Gehweg gelegt waren, und die Namen der Monate waren dem jeweiligen Abschnitt mit weißer Straßenkreide eingeschrieben. Im Traum flog ich über die Jahreszeiten, wie mir der Sinn stand, hin und her, kreuz und quer. Sonderbar ist aber, dass die vierte Seite, die Seite, auf der die Häuser standen, nicht Teil des Jahreszeitenringes war; die Häuserreihe schloss zwar den Kreis (eher: das Rechteck), fiel aber zugleich aus der Zeit wie ein großes schwarzes Loch zwischen Dezember und Januar, und ich kann mich nicht erinnern, in meinen Flugträumen durch und über die Jahreszeiten jemals diesen Durchgang gewählt zu haben. Stattdessen flog ich, um vom Dezember in den Januar zu gelangen, den ganzen Weg über das Jahr hinweg zurück, und es scheint also, als wäre ich am Ende eines jeden Jahres immer wieder im selben Januar im selben Jahr gelandet, nur um den Flug über das Haus zu vermeiden, das seinerseits fest stand im Dunkel zwischen den Jahren. In ihren Memoiren erzählt Katia Mann, das NS-Regime habe Passagierflugzeuge, die Deutschland überflogen, gezwungen, so tief zu fliegen, dass die darin sitzenden Personen erkennbar waren; einmal sei ein Passagier für Thomas Mann gehalten und erschossen worden. Ich sitze an meinem Berliner Schreibtisch, es ist ein verhangener, leicht schwüler Julisamstag, den Vormittag habe ich mit zwei bruchstückhaften Lektüren verbracht: *Nebelkinder. Kriegsenkel treten aus dem Traumaschatten der Geschichte,* herausgegeben von Michael Schneider und Joachim Süss, und *The Gender of Sound* von Anne Carson, und jetzt denke ich, dass ich etwas aufschreiben muss, doch stattdessen fange ich an, zu googeln und lese mich fest in der Geschichte der Lufthansa, 1918 erfand Otto Firle für die Deutsche Luft-Reederei, eine Vorgängerin der Lufthansa, den Kranich als Logo, die Bildersuche spült mir eine Werbung aus den 1930er Jahren auf den Bildschirm,

FLIEGEN HEISST SIEGEN ÜBER ZEITEN UND WEITEN, daneben ein Foto eines kleinen, aus heutiger Perspektive militärisch aussehenden Flugzeuges vor wolkenverhangenem Hintergrund, ich höre es regelrecht rattern und sehe es wackeln und auf und ab geworfen werden vom Wind und denke, ist es also wirklich so, wie Enis Maci sagt, ist Erzählen Krieg, aber warum. Und hat es damit zu tun, dass Geschichte immerzu damit beschäftigt ist, Frauen die Lippen zu verschließen, weil Waffen in den Händen einer Frau bedrohlicher sind als Waffen in den Händen eines Mannes, aber warum. Und hat es damit zu tun, dass die Antike so besessen davon war, zu begründen, warum die Höhe der Stimmen von Frauen sie als ungeeignet erweise für alles, was mit Denken, Kunstproduktion oder Politik zu tun habe, aber warum. In ihrem Essay über das »Geschlecht des Klangs« in der Antike schreibt Anne Carson: »Im Großen und Ganzen sind die Frauen der klassischen Literatur eine Gattung, die bestimmt wird von chaotischen und unkontrollierten stimmlichen Ausbrüchen – von Kreischen, Klagen, Schluchzen, schrillem Jammern, lautem Gelächter, Schmerzens- oder Freudenschreien und von unbeherrschten Gefühlsausbrüchen. ... Diese Geschlechterstereotypen gehen davon aus, daß ein Mann im Zustand echter *sophrosyne* sich selbst von seinen Gefühlen abspalten und also ihre Verlautbarung kontrollieren können soll. Daraus folgt die Annahme, daß die wahre bürgerliche Verantwortung eines Mannes einer Frau gegenüber darin liegt, daß er ihre Stimme für sie kontrolliert, insofern sie nicht in der Lage ist, sie selbst zu kontrollieren.« Und hat es also damit zu tun, dass ich diese Sätze nicht mit Fragezeichen beende, weil ein Fragezeichen die Stimme in die Höhe zieht, und weil es nicht bedeutungslos ist, wer einen Text verfasst, weil niemand einen Text liest, ohne einen Stimmkörper/eine Körperstimme und dessen/deren Liebesfähigkeit zu assoziieren, und weil ich deshalb, das oder etwas Ähnliches habe ich schon gesagt, immerzu denke, auf der Hut sein zu müssen, weil weibliche Liebesfähigkeit als geschichtsbedrohend gelesen wird, und hat es also damit zu tun, dass Geschichte keine Fragezeichen erträgt, dass Geschichte immer wieder neu antritt in ihrem alteingespielten Versuch, die Fragezeichen auszulöschen, die Fragezeichen, die abheben mit geschärften Waffen, die Fragezeichen, die die Stimme erheben und nicht in dem Haus bleiben wollen und können, das für sie vorgesehen ist, oder die von vornherein nie in dem Haus waren, das schon da steht, fertig gebaut. Die Frauen »besorgen den Haushalt und halten zusammen, was übers Meer ins Haus gekommen ist«, sagt Euripides in einem Fragment, übers Meer kommen die Fragezeichen, die Frauen sollen diesen Fragezeichen niemals ihre Stimmen leihen (rein rezeptiv sei die Denkfähigkeit der Frau, stellt noch Heidegger in einem seiner Denkerbriefe an sein »Seelchen« fest: Sie soll daher nicht selbst Fragen stellen), liegt das daran, dass die Fragezeichen zu hoch und zu unangeleint fliegen, wenn Frauen ihnen ihre Stimme leihen, und dass man sie nicht mehr so leicht herunterholen kann, wenn sie so hoch fliegen, jedenfalls sollen die Frauen die Fragezeichen stattdessen aufnehmen in ihren Körper, den der männliche Same verschließt, sodass der Körper zum Haus wird, und sie niemals wieder daraus entlassen. »Die Frau ist das Geschöpf, das das Innen nach außen bringt«, schreibt Anne Carson: »Durch Projektionen und alle Arten von undichten Stellen – somatische, stimmliche, emotionale, sexuelle – wird von den Frauen das, was eigentlich im Inneren behalten werden sollte, entblößt oder veräußert. ... Wenn der Mund nicht geschlossen ist, kann er offenstehen und Unaussprechliches herauslassen. ... Weibliche Laute sind schlimm anzuhören, zum einen, weil der Klang der weiblichen Stimme unangenehm ist, und zum anderen, weil die Frau ihre Stimme dazu benutzt, Dinge zu sagen, die nicht ausgesprochen werden sollten.« Aber sind Waffen gleich Waffen, und sind alle Waffen solche, die von vornherein nichts anderes wollen, als zu töten. Kommt es nicht immer an auf den Gebrauch, und kann nicht fast alles zur Waffe werden. Aber kann nicht auch, was zur Waffe werden kann, nicht zur Waffe werden. Eine Studie der Uniklinik Leipzig hat kürzlich herausgefunden, dass die Stimmen von Frauen in den letzten Jahren im weltweiten Durchschnitt deutlich tiefer geworden sind, biologische Faktoren können ausgeschlossen werden. In Japan, erzählte mir eine Soziologie-Professorin, die ich vor einigen Monaten in Osaka getroffen habe, hat es eine ähnliche Studie gegeben, nur auf Japan bezogen: Die Stimmen der Frauen seien in den 1980er und 1990er Jahren, als es der Wirtschaft gut ging und die Frauen selbständiger und weniger abhängig von Männern waren, tiefer geworden, aber seit es der Wirtschaft schlechter geht und alte Rollenmuster erneute Bekräftigung erfahren, hätten sie sich wieder erhöht. Tatsächlich gelten die Stimmen japanischer Frauen als die höchsten weltweit, und was Fragen der Gleichberechtigung betrifft, landet das Land in weltweiten Rankings regelmäßig auf den hinteren Plätzen. In Fetischläden finden sich ganze Stockwerke voll mit allen Arten von Taschenmuschis, darauf immer das mehr oder weniger gleiche weibliche oder kindliche, das lässt sich häufig nicht recht unterscheiden, Manga-Gesicht mit übergroßen Augen darauf, aus deren einem fast immer eine übergroße Träne quillt. Die Höhe der Stimmen heißt nicht, dass die Frauen in Japan abheben können, wie sie wollen, sondern das gerade Gegenteil. Kann es sein, dass die Stimmen von Frauen hoch sein sollen, gerade damit sie *nicht* selbständig abheben können, damit ihr Erzählen immer nur wie ein bunter Luftballon an einer Schnur schwebt, deren unteres Ende eine männliche Hand fest umklammert hält – möglichst weit weg von diesem unteren Ende, und dabei möglichst fest angeleint? Aber wie hat die Geschichte es geschafft, in der Stimme der Frau die Höhe (Luft), in ihrem Körper die Tiefe und Weite (Erde, Landschaft) und in ihrer Sprache die Flüssigkeit (Wasser, Meer) allesamt mit derselben Erzählung des nichtbeherrschten, sich zu weit ausdehnenden, wahnhaften, bedrohlichen, auslaufenden, ausufernden Sprechens zu verbinden, während die männliche Stimme mit *überhaupt keiner* irdischen Assoziation, mit überhaupt keinem Element und damit verbundenem Sprechverbot belegt ist, sondern mit dem Roden, Pflügen, Zähmen, Einhegen, Besamen, Befruchten, Besetzen und Bereisen der Elemente? Die Höhe ist weiblich, die Tiefe ist weiblich, die Weite ist weiblich, heißt das nicht, dass alles Erzählen überhaupt »weiblich« ist, und hat es also damit zu tun, dass der klassische Diskurs der Philosophie in einer klamaukhaft immerzu neu aufgerufenen Selbstbegründungsinszenierung seiner eigenen Göttlichkeit-Männlichkeit ständig beschäftigt ist mit dem Versuch, Literatur zur Geschichte zu machen, weil die Literatur die allergrößte Bedrohung des Selbstbildes der Philosophie darstellt (während diese gleichzeitig wie eine artig gelernte Lektion in erwartbarer Regelmäßigkeit immer wieder nachplappert, was seit tausenden Jahren vorgeplappert wird: Literatur, ach, das ist doch nichts als das Erzählen irgendwelcher Geschichten – was für mich immer klingt, als würde sie sagen: Literatur, ach, das ist doch nichts als eine Frau)? Aber wohin sonst sollen sich Worte erstrecken, wenn nicht in die Höhe, Tiefe und Weite? Wohin sonst sollen sich Körper denn ausdehnen? Wie sollen Texte denn leben, wenn nicht in den Dimensionen der Erde, mit den Fortbewegungsmitteln der Zeit?

Sigmund Freud schreibt: »Soll ich mir mein zartes, liebes Mädchen zum Beispiel als Konkurrenten denken; das Zusammentreffen würde doch nur damit enden, daß ich ihr, wie vor siebzehn Monaten, sage, daß ich sie lieb habe und daß ich alles aufbiete, sie aus der Konkurrenz in die unbeeinträchtigte stille Tätigkeit meines Hauses zu ziehen.«

Erica Jong schreibt: »Every decision was referred to the shrink, or the shrinking process.«

Martin Heidegger schreibt: »Du bist das heiligste Gefäß in dem ich versinke … um von den weitesten u. abstraktesten Höhen zu Dir zurückzukommen. Du weißt: die stillen Wege Deines Wirkens in unserer Ehe, Deine frauliche Existenz in meiner unmittelbarsten Schaffenswirklichkeit, Deine mütterliche Mission in unserer metaphysischen Bestimmung … sind das metaphysisch-historische unserer Lebenseinheit. Du findest in Dir als Frau eine Grenze – an mir …«

Albertine Sarrazin schreibt: »Früher brüllte ich und schlug alles kurz und klein; alles, bis auf das Gefängnis, das mich gelangweilt und von oben herab betrachtete. Ich brülle nicht mehr: Jetzt betrachte ich das Gefängnis, erforsche die alte Maschine.«

Ein Professor der Philosophie schreibt mir: »Dabei kommen vielleicht schöne Worte heraus, aber keine Begriffe.«

Ich schreibe an einen Professor der Philosophie: »Die Philosophie ist auch nichts anderes als eine machtvolle Familiengeschichte.«

Weezer singen: »When the housemaids scrub the floor / they get the spaces in between«

Dieses Alphabet sei über alle Berge: Was, dieses? Es handelt sich nicht um eine Behauptung Blanchots (das ist offenkundig). Aber Entwerkung, desœuvrement, ist wie die Krankheit des abwesenden Platon in Sokrates' Sterbeszene, ist wie Nietzsches Syphilis (ist wie die Syphilis der Philosophie): Es sind immer noch dieselben Berge, die abgetragen werden. Das Neutrale, le neutre, ist nicht mein erklärtes Ziel. Ziel? Auch wenn der Schuh neu ist, taugt er nicht als Mütze, sagt ein japanisches Sprichwort. Gut, sagen wir: Das Neutrale, le neutre, ist nicht, was macht, dass ich gehen muss. Le neutre ist nicht mein Begehr, nicht mein Gang, nicht mein Schreibwerkzeug. Es geht nicht um eine Kopfabdeckung, weder im einen, noch im anderen – gegenteiligen – Sinn. Es geht um diese Körper hier, genau diese: Es geht um Haut, um Außenhaut, um Hautlappen, um Hautlippen, um Unterhautgewebe, aber auch um Faszien. Vielleicht geht es sogar zuallererst um Faszien.

Eine Faszie »bezeichnet die Weichteil-Komponenten des Bindegewebes, die den ganzen Körper als ein umhüllendes und verbindendes Spannungsnetzwerk durchdringen.« Es gibt verschiedene Arten von Faszien, zum Beispiel die oberflächlichen Faszien, die sich im Unterhautgewebe befinden. Man vermutet, dass »diese Schicht als ein körperweites nicht-neurales Kommunikationsnetzwerk dienen könnte« (Wikipedia, Lemma »Faszie«)

*

In Vancouver, das ist lange her, ich war achtzehn, bin ich aus Europa aufgewacht: Der angeblich schönste Ort der Welt, so stand es jedenfalls damals in allen Reiseführern, wartete mir auf mit einer Leere, für die ich nicht reif war, einer Leere, die sich *noch einmal* entzog und in diesem *noch einmal* unendlich brutal war: Ich verstand nicht anders zu lesen, ich verstand noch nicht, dass es immer Europa gewesen ist, das sich gegen eine Leere errichtet hat, aber eine Leere, die es in sich selbst trug und von der man lange geglaubt hat, man müsse sie nur ordentlich stopfen und füllen oder ordentlich bekämpfen und vertreiben oder ordentlich kolonisieren und besiedeln oder ordentlich besamen und beschreiben, dann werde sie schon verschwinden. Man müsse nur ordentlich Paradies spielen, dann werde schon alles, was nicht ins Paradies gehört, was kein Anrecht hat auf das Paradies, verstummen. Vancouver ist nicht auf einen europäischen Traum gebaut, oder kennt ihn zumindest nur noch als vage Erinnerung, und vielleicht mussten die Wiegenlieder meines Aufwachsens in der späten BRD der 1980er und 1990er Jahre verstummen, bevor ich verstehen konnte, dass der Schmerz der Leere, die ja keine Leere ist, sondern die Unmöglichkeit einer Erklärung, oder sogar die Unmöglichkeit des Bedürfnisses nach einer Erklärung, nach Eindeutigkeit im Erklären, eine Schönheit birgt, von der aus es plötzlich etwas gibt, das erzählt werden kann. Auch vor dieser Reise, meiner ersten Reise weit weg von zu Hause, träumte ich von einem Flugzeug, ich saß aber nicht selbst darin, sondern stand im Garten meiner Eltern und sah zu, wie es groß und größer wurde, wie es näher kam in rasender Geschwindigkeit, das Flugzeug stürzte mitten in den Anfang des Kreislaufs der Jahreszeiten auf dem Gehweg, der die Pferdekoppel umgab, die vor dem Haus lag, zerstörte die Monate von Januar bis April und hinterließ einen Krater mit einem Trümmerfeld, das sich bis wenige Zentimeter vor meinen nackten Füßen im Gras erstreckte, und ich sah zu und konnte nichts tun. Noch heute überkommt mich eine Art Heimweh, das eher Fernweh ist, wenn ich die beiden Violinkonzerte von Bach anhöre, die ich immer verbinden werde mit dem Record Store irgendwo in Downtown Vancouver, in dem ich die Nachmittage mit Kopfhörern auf den Ohren verwand, da ich sonst nicht wusste, was ich tun sollte in dieser Stadt, durch die man nicht laufen konnte wie durch die Städte, die ich kannte, mit den Ahs und Ohs allzu schöner Fassaden im Mund. Und dann auch noch das: Nach dem Record Store, in dem ich ja nicht ewig bleiben konnte, ging ich zu Starbucks und las Günther Grass, *Die Blechtrommel*, ich hasste das Buch wie die Pest; seitdem habe ich nie wieder einen Blick hineingeworfen und weiß daher nicht, ob es an dem Buch selbst lag, an der Stadt, dem Café oder an meiner Deutschlehrerin, für deren Kurs ich es las und mit der ich einen zwei Jahre währenden Krieg führte, den ich nicht gewinnen konnte, der mich am Ende einen trotzigen, viel zu kurzen Abituraufsatz schreiben ließ, woraufhin ich mit kaum schmetternden Fanfaren, dafür aber einer 5- in Deutsch aus der Schule marschierte, von der ich mehrere Male fast geflogen wäre und in deren Räumen es immerzu nach Kohl roch, weil die Nonnen anscheinend jeden Mittag Kohl aßen. Die Deutschlehrerin jedenfalls schrieb unter jeden meiner Aufsätze, »Der Komplexität des Themas ist die Kandidatin nicht gewachsen« und »Das gängige Analysemodell scheint der Kandidatin unbekannt zu sein«, ich suchte nach einem Boden irgendwo zwischen dem Abgrund der Sprachlosigkeit, die mir aus ihrem Kommentar entgegenprallte, und einer Rettung meines Nichtverstehens, was sie mir denn eigentlich sagen wollte, in eine Art überheblichen Stolz, dass ich nicht so blöd war wie das gängige Analysemodell, was immer das sein sollte, und dass es doch offenkundigerweise in Wirklichkeit sie war, die nichts verstand, aber geholfen hat es nichts, die Abituraufgabe war eine freie Erörterung, sie lautete »Zukunft braucht Erinnerung. Setzen Sie sich mit dieser These auseinander«, und ich wusste nicht, wie ich irgendetwas aufschreiben sollte, es war alles zu groß, ich war für alles zu klein.

Ich schrieb in fünf Stunden fünf Seiten, also fast nichts. *Schlaf, Kindlein schlaf.*

Moradorm. Ich kann mich noch erinnern, wie ich das erste Mal in der Apotheke stand und nach einem frei verkäuflichen Schlafmittel fragte, ich muss um die fünfzehn oder sechzehn gewesen sein, Moradorm gab es in zwei Varianten, die grünen, die nur aus Baldrian bestanden und nicht wirkten, und die blauen, die aus 50 mg Diphenhydramin bestanden und gut wirkten, die Apothekerin gab mir erst die grünen, nach wenigen Tagen kam ich wieder, dann gab sie mir die blauen, von da an kam ich drei oder vier Jahre lang alle zwanzig Tage, bis zum Abitur, ohne Tabletten konnte ich kein Auge zutun und lag die ganze Nacht wach. Jahre später, ich muss im Studium gewesen sein und war gerade bei meinen Eltern zu Besuch, machte ich einen Mittagsschlaf, ich lag im Fernsehzimmer und konnte die Augen nicht mehr öffnen, ich träumte, dass meine Mutter neben mir saß und mir Pillen in den Mund schob, ich träumte, dass ich aufwachen wollte, aber nicht aufwachen konnte, ich schlief vier Stunden wie im Koma, versuchte immer wieder, aufzuwachen, konnte aber nicht, bis meine Mutter mich schließlich wachrüttelte, da wir zum Teetrinken bei einer alten Freundin von ihr eingeladen waren, später waren wir bei dieser alten Freundin, ich stand in der Küche, machte den Schwarztee, und die alte Freundin sagte, ich solle ihn länger ziehen lassen, da es ja schon später Nachmittag sei, ich sei ja jung und könne gut schlafen, auch wenn der Tee nur kurz gezogen habe, aber bei den Alten sei das anders: Ich ließ ihn also drei Minuten lang ziehen, der Tee war sehr dunkel und etwas bitter, zum Ausgleich gab es Kandis und Milch, ein Fernseher lief nicht.

*

Justin schreibt mir: »My main moral can best be described by words of Alan Watts. I relate to the following in summary, that life isn't something you work towards and then ask ›now what?‹, but a musical sort of thing. And you're supposed to dance and sing the whole way along, while the music is being played.«

Justin schreibt mir: »The point is, I don't have a real sense yet of when we were us. But assuredly, I remember everything.«

Justin schreibt mir: »You seeing something in me that immediately allowed you to let me live with you… I'll never know for sure how anyone could be so courageous… fearless… what if I was an insane person?«

Justin schreibt mir: »I'll figure some way, however subtle, to repay you. Maybe soon or in the next life, I'll have that brownstone in Park Slope, bump into you at some cafe and give you the keys.«

*

Eins der Spiele, die wir im Haus meiner Großmutter gern spielten, hieß *Mutter geht aus*, und es ging so: Einer ist das Kind, einer die Mutter, und dann gibt es noch eine flexible Zahl von Kindermädchen, die das Kind hüten (je nachdem, wie viele Cousinen gerade mitspielten), während die Mutter ausgeht; sie macht sich schick, verlässt das Haus, löscht ihr Sprechen wie die Lampe am Bett des Kindes, aber das Kind schläft nicht, sondern macht Terror, tanzt den Kindermädchen auf der Nase herum, also bekommt es Pillen in den Mund gesteckt, die die Mutter vorher bereitgelegt hat, unsere Pillen waren winzige Kekse, die wir von einer Tante geschenkt bekommen hatten, Kekse, die rund waren und kleiner als ein Pfennig, wie kleine Pastillen, ich weiß nicht, ob sie einen speziellen Namen hatten, ich habe sie später nie mehr irgendwo gesehen. Solchermaßen sediert, schläft das Kind schließlich ein, und die Mutter kann zurückkommen. Das war das ganze Spiel, und wenn ich rückblickend darüber nachdenke, finde ich es nicht nur ein merkwürdiges Spiel, sondern auch ziemlich gruselig: Wie um alles in der Welt kamen wir darauf? Was erzählten uns die Wände dieses Hauses mit ihren Kabuffs, Abseiten, Geheimgängen, wovon wir ›eigentlich‹ gar nichts wissen konnten? Wir spielten es einen ganzen Sommer lang; es war der Sommer, bevor ich eingeschult wurde, das weiß ich deswegen noch so genau, weil wir einmal barfuß im Garten gespielt und schmutzige Füße hatten, die wir uns, um *Mutter geht aus* spielen zu können, waschen mussten, denn *Mutter geht aus* wurde im Bett gespielt; ich stellte mich auf einen wackligen Badhocker, stürzte und brach mir den rechten Arm. Einen Vater gab es in diesem Spiel nicht; vielleicht, weil er auf Geschäftsreise war oder Ähnliches, ich kann mich nicht erinnern, ob wir über eine Vaterfigur nachgedacht und ihr irgendeine (abwesende) Rolle zugedacht haben. Beim Schreiben dieses Textes fällt mir das Fehlen einer Vaterfigur in unserem Kinderspiel erst sehr spät auf, und in ganz gleichgültiger, rein technischer Weise, denn tatsächlich, je länger ich darüber nachdenke, scheint mir der Vater darin überhaupt nicht zu fehlen: Nur weil der Vater keine Figur in unserem Spiel ist, heißt das ja nicht, dass er nicht anwesend ist; der Vater braucht keine Figur, denn er ist keine Figur, er ist eine Instanz, er ist die Art und Weise, wie das Haus gebaut ist, wie es erzählt wird, und er ist anwesend in Übergröße, gerade weil er nicht durch eine Figur verkörpert wird. Seine Augen sind die Wände, seine Hände die Decke und der Fußboden, seine Stimme die Möbel, unverrückbar oder sogar fest eingebaut in die Wand. Die Mutter: Sie kontrolliert die Sprache des Hausinneren, das ist ihr

Wirtschaftsbereich, sie wacht über und versammelt in sich die Sprache der Bilder, der Erinnerung, der Stimmung, des Körpers, des Schmerzes, der Geburt, des Todes, all das, was die Instanz des Vaters, des allzeugenden Erzählerauges, das niemand je zu Gesicht bekommt, an Scherben hinterlässt: Sie ist Puffer, Medium, Kanalisatorin, Übersetzerin, Kollaborateurin, Komplizin, Kontrolleurin, sie ist die Hand zwischen dem phallischen, wachenden, bewachenden Auge der Hauswände und dem noch kaum geschriebenen Körper des Kindes. Geht sie aus, ist das Kind auf einmal allein mit dem allmächtigen Erzähler, und ein allmächtiger Erzähler hat nie Gutes im Sinn. Der allmächtige Erzähler hat eine sonderbare, übernatürliche Eigenschaft: Er dringt in Körper ein, obwohl er selbst keinen Körper hat. Zumindest keinen Körper, der sich zeigt, keinen Körper, der selbst erinnert wird, keinen Körper, der selbst zur Grabstätte für die Bilder der anderen wird, keinen Körper, der sich selbst anstecken lässt durch den Tod. Der allmächtige Erzähler erinnert Frau und Kinder und schließt, wenn er geht, hinter sich so fest die Tür, dass er selbst nicht erinnert werden kann.

Schlaf, Kindlein schlaf.

Das Zimmer ist ganz klein, es hat vielleicht acht oder neun Quadratmeter, ein Einbaubett, einen Einbauschrank und ein Waschbecken, das sich hinter einem gelben Vorhang versteckt; der Teppich ist blau und vor dem Fenster wächst stacheliger Ilex zum Schutz vor Einbrechern. Verlässt man das Zimmer, gelangt man in einen langen Gang mit sechs weiteren Türen, das Elternschlafzimmer, die anderen Kinderzimmer, das Badezimmer, nur hinter einer Tür liegt kein Raum, sondern die Treppe zum Dachboden, die Treppe zum Gelagerten, Abgestellten, Vergessenen, die Treppe zu den Zimmern der Dienstmädchen, zur Zeit unseres Spiels natürlich schon die längste Zeit ungenutzt und dick eingestaubt. Die Mutter schminkt sich, sie setzt Großmutters Perücke auf, Großmutters Hut, sie zieht Großmutters Stöckelschuhe an und Großmutters Pelz. Die Mutter geht durch die Tür, die Mutter schließt die Tür. Das Kind springt auf, es tobt wild auf dem Bett. In meiner Erinnerung kann ich nicht unterscheiden, ob es lacht dabei oder brüllt: Das Bild schillert, es entwischt in seiner ganzen Lebendigkeit, seiner ganzen Präsenz, das Kind in meinem Kopf ist da und zugleich nicht da, vielleicht lacht und brüllt das Kind auch gleichzeitig, der Grat zwischen Lachen und Brüllen ist schmal, kaum bewanderbar, so wie auch der Grat zwischen Tag und Nacht, zwischen Himmel und Erde, zwischen Oberwelt und Unterwelt, zwischen Fliegen und Abstürzen, zwischen Getragenwerden und Abgeschossenwerden, zwischen Sprechenmüssen und Nichtsprechenkönnen, zwischen Sprechenwollen und Nichtsprechendürfen.

Schlaf, Kindlein schlaf.

In Vancouver bin ich nie wieder gewesen, obwohl ich glaube, dass ich ihn heute sehr mögen würde, diesen Ort zwischen Bergen und Meer, zwischen Sonne und Wind, diesen Ort, der auf so freundliche, unprätentiöse Weise am Rand der westlichen Welt liegt, ganz anders als New York, das im Zentrum ist, immer im Zentrum, auf New York läuft immer alles hinaus, und New York läuft immer auf alles hinaus, auf das All, das im Himmel beginnt, am oberen Ende seiner Türme, und im Hinauslaufen auf seine Türme, im Hinauslaufen der Tränen aus seinen Türmen (kein Turm ohne Träne) ist New York immer auch eine großartige Fiktion gewesen (aber auf wessen Kosten), doch auch die beste Fiktion gelangt irgendwann an ihr Ende, und dann besteht die Aufgabe nicht einfach darin, mit derselben Sprache eine neue Geschichte zu erfinden (es gibt keine neue Geschichte), sondern darin, eine andere Sprache zu erfinden, andere Formen für andere Weisen des Erzählens, wir verlassen die Wohnung in Hell's Kitchen früh morgens, Justin fährt mich mit seinem Pickup nach Brooklyn, es ist noch Zeit, der Flug geht erst spätnachmittags, wir trinken Kaffee, Justin sagt, ich solle etwas essen, aber mir liegt ein Kloß im Hals, wir sitzen und schweigen und wissen nicht, was wir sagen sollen, und als es Zeit ist, aufzubrechen, gießt es in Strömen, wir rennen zum Auto, nehmen durchnässt Platz auf den Sitzen, und dann springt das Auto nicht an, Justin flucht und zündet und flucht und zündet und flucht und zündet und steigt aus und läuft um das Auto herum und öffnet die Motorhaube und schließt die Motorhaube und steigt wieder ein und zündet und flucht wieder, dann sagt er, da die Zeit knapp wird, *I'll get ya a cab*, ich sage, aber ich habe keine Dollar mehr, er sagt, *Don't worry*, und dann sitze ich im Taxi, Justin vereinbart einen Fixpreis zum Flughafen JFK, zahlt, da tritt der Fahrer auch schon aufs Gaspedal, und plötzlich geht alles so schnell, dass wir gar nicht mehr dazu kommen, uns zu verabschieden, ich werfe einen Blick zurück durch das Heckfenster, Justin steht da verdattert im strömenden Regen vor seinem Pickup und blickt mir nach, ohne Sonnenbrille, so steht er da, bis ich ihn nicht mehr sehen kann, bis ich, wieder einmal, nicht verstehen kann, wie es möglich ist, dass man gerade noch an einem ganz anderen Ort war, wie es möglich ist, dass man sich von einem Ort an einen anderen Ort bewegt, einfach so, bei jeder Landung denke ich an das Paradoxon von Achilleus und der Schildkröte und frage mich, aber was, wenn Zenon Recht hätte, was, wenn es so ist, dass man immer am selben Ort ist, dass es unmöglich ist, den Ort zu verlassen, an dem man ist?

Die Frage wäre dann nur,
              wo ist denn der Ort
              an dem man ist

        wo ist denn der Ort
              an dem das Erzählen

                              ist —

                *

Es ist Herbst geworden, der Jahreswechsel rückt näher und
mit ihm das Haus, das unverrückbar zwischen den Jahren
steht und überflogen werden muss, aber vielleicht muss
es dieses Jahr gar nicht überflogen werden, vielleicht gehe
ich dieses Jahr einfach daran vorbei mit einem freundli-
chen Gruß: Ich sitze an meinem Berliner Schreibtisch, vor
mir auf dem Fensterbrett steht ein geblümter Origami-Kra-
nich, den mir im Frühjahr eine alte Frau in einem kleinen
Konbini auf einer kleinen Insel in der japanischen Präfektur Kagawa in die Hand gedrückt hat, lange bin ich einige
Tage später in Hiroshima am Friedensdenkmal vor den tausenden und abertausenden von Papierkranichen gestan-
den, obwohl mir normalerweise wenig so zuwider ist wie
Betroffenheitstourismus, immer noch fliegen jedes Jahr aus
der ganzen Welt zahllose Papierkraniche nach Hiroshima,
wer tausend Kraniche faltet, bekommt von den Göttern
einen Wunsch erfüllt, aber man muss lang genug leben, um
überhaupt tausend Kraniche falten zu können, viele Kinder
haben nicht lange genug gelebt, um tausend Kraniche falten
zu können, es ist Herbst geworden, der Jahreswechsel rückt
näher und im Linumer Teichland in Brandenburg fliegen
um diese Zeit täglich bis zu achtzigtausend Kraniche ein,

sie sind auf dem Zug, sie machen dort Rast, bevor sie weiter gen Süden fliegen, Kraniche schlafen am liebsten im knietiefen Wasser, dort fühlen sie sich sicher, dort können sie gut hören, wenn sich ein Feind nähert, ich will keine Feindin sein, ich will nur ihre Eleganz bewundern, wie sie allmählich in den Sinkflug gehen, wie sie hinter den Bäumen verschwinden, wie sie sich niederlassen, wie sie lärmen und schnattern und von Weiten erzählen, die ich mir nicht einmal ausmalen kann, mit meinem Fernglas bleibe ich in respektvollem Abstand, bis es dunkel wird und es nichts mehr zu sehen gibt, was nicht heißt, dass es nichts mehr zu erzählen gibt, im Gegenteil, im Dunkel, wenn das Auge müde wird, verschwimmen die Grenzen zwischen nah und fern, das Ferne wird auf einmal nah und das Nahe wird fern, das ist der Grat, den es zu bewandern gilt, das ist der Grat, den es zu schreiben gilt, Schreiben heißt nicht, etwas schon Vorhandenes zu beschreiben, sondern es heißt, Raum zu geben, in dem Dinge erscheinen können, in Verwandtschaft treten können, Anleihen beieinander machen können in aller Freundlichkeit, GEHEN HEISST SEHEN DURCH ZEITEN UND WEITEN, *und wenn du das nächste Mal an einer Sphinx vorbeikommst, gib ihr einen Bonbon und frage sie nach den Raubkatzen von Osaka: Vielleicht sagt sie, da, geradeaus! Aber vielleicht sagt sie auch: Gestern Blumen – Heute ein Traum: Der Fels, aus dem dein Mittag ist, das Fest, aus dem dein Haus ist, hat immer ein Bein mehr und ein Bein weniger, als du denkst.*

Korrespondenzen,
Antagonist*innen und Verneigungen

Raubkatzen

2012 gründete die Soziologin Mayumi Taniguchi in Osaka die *All Japan Obachan Party*, eine Spaßpartei für ältere Frauen (»Obachan« heißt so viel wie »Tantchen« oder auch »Oma«). Die Partei hat mehrere tausend Mitglieder. Deren Markenzeichen ist, dass sie von Kopf bis Fuß in Leoparden- oder Tigerklamotten gekleidet sind und darüber hinaus möglichst viel glitzernden Modeschmuck tragen; bekannt sind sie unter anderem dafür, sehr gute Witze zu erzählen, in der U-Bahn laut zu lachen, vor Passanten zu springen, um ihnen Bonbons zu schenken, oder auch Leute, die nach dem Weg fragen, in die falsche Richtung zu schicken. In einem Viertel Osakas gibt es Läden, die spezialisiert sind auf Obachan-Bedarf und auch Pakete mit der Obachan-Grundausstattung verkaufen. Sie kosten 5.000 Yen und enthalten von Socken über Leggings, Oberteile, glitzernde Schlüsselanhänger und Perlenketten bis hin zu Bonbons alles, was eine Obachan braucht. Aus einem solchen Obachan-Grundausstattungspaket stammt der auf dem Cover dieses Buches abgebildete Haufen.

Diebinnen im Paradies

Ich habe gemopst bei:

Th. W. Adorno/M. Horkheimer, *Dialektik der Aufklärung*, Frankfurt a.m. 2000. — Aristoteles, *Metaphysik*, übers. v. Hermann Bonitz, bearbeitet v. Horst Seidl, Hamburg 1995. — Samuel Beckett, *Der Namenlose*, übers. v. Elmar Tophoven, Erika Tophoven u. Erich Franzen, Frankfurt a.m. 1979. — Sigmund Freud, *Bruchstück einer Hysterie-Analyse*, in: Ders., *Gesammelte Werke, Werke aus den Jahren 1904–1905*, S. 161–286, Frankfurt a.M. 1999. — Andreas Gehrlach, *Diebe. Die heimliche Aneignung als Ursprungserzählung in Literatur, Philosophie und Mythos*, Paderborn 2016. — G.W.F. Hegel, *Grundlinien der Philosophie des Rechts oder Naturrecht und Staatswissenschaft im Grundrisse*, Werke 7, Frankfurt a.M. 1986. — G.W.F. Hegel, *Vorlesungen über die Ästhetik III*, Werke 15, Frankfurt a.M. 1986. — Eva Illouz, *Die Errettung der modernen Seele*, übers. v. Michael Adrian, Frankfurt a.M. 2009. — G. M. König, »Zum Warenhausdiebstahl um 1900: Über juristische Definitionen, medizinische Interpretamente und die Geschlechterforschung«, in: *Geschlecht und materielle Kultur*, Münster/New York u.a. 2000. — Uwe Lindemann, *Das Warenhaus. Schauplatz der Moderne*, Köln/Weimar/Wien 2015. — Friedrich Nietzsche, *Fröhliche Wissenschaft*, Werke Bd. 3, München 1999. — William Shakespeare, *Timon of Athens*, in: Ders., *Complete Works*, New York 2015. — Moritz Zangerl, *Ohne Titel*, Berlin 2017. — Émile Zola, *Das Paradies der Damen*, übers. v. Armin Schwarz, Altenmünster 2015.

Außerdem treten auf:

Eine Grundschullehrerin mit flotter Föhnfrisur, rotem Lippenstift und weißer Plastikflöte, Oberbayern (oder war es Oberpommern) 1989 — Einige Götter oder Halbgötter, Attika, ca. 3.000 v. Chr — Der Herr, Naher Osten, ca. 2.000 v. Chr. — Der Therapeut, unbekannter Ort, unbekannte Zeit (wahrscheinlich 20. Jhd. n. Chr.).

Neigen heißt nicht beugen, oder: Äpfel für Pater Ambrosius

Ich habe mir Sätze geliehen von:
Ilse Aichinger, »Meine Sprache und ich«, in: *Eliza Eliza, Erzählungen 2, Werke in acht Bänden*, Frankfurt a.M. 2015. — Hélène Cixous, »Geschlecht oder Kopf?«, übers. v. Eva Meier, in: *Aisthesis – Wahrnehmung heute oder Perspektiven einer anderen Ästhetik*, hrsg. v. Karlheinz Brack, Peter Gente, Heidi Paris u. Stefan Richter, Leipzig, 1990, S. 98–122. — Elke Erb, »Isoldes stechender Blick«, in: *Kastanienallee*, Berlin/Weimar 1987. — Max Frisch, *Stiller*, Frankfurt a.M. 1966. — Karl Kraus, »Abenteuer der Arbeit«, in: *Ausgewählte Gedichte*, München 1920. — Clarice Lispector, *Nahe dem wilden Herzen*, übers. v. Ray-Güde Mertin, Frankfurt a. Main 1981. — Toni Morrison, »Eve Remembering«, in: *Five Poems, The Believer Magazine* (https://believermag.com/five-poems-by-toni-morrison/), Las Vegas 2019. — Reviel Netz, *Scale, Space and Canon in Ancient Literature*, Cambridge 2020. — Ovid, *Metamorphosen*, übers. u. hrsg. v. Michael von Albrecht, Stuttgart 1994. — Sophie Podolski, *Le pays où tout est permis*, New Haven/Lonodon 2018. — Monika Rinck, *Wirksame Fiktionen*, Göttingen 2019.

Außerdem treten auf:
Eine Pfarrerin, Oberbayern 2019 — Amelie, Ramazotti und der Kellerraum, bayerische Klosterschule 1999–2000 — Eine Deutsch- und Englischlehrerin, ebenda — Schwester Dolorosa auf der Eicheneckbank, ebenda — Amelie, die Zettel und die Kirche, bayerische Klosterschule 2010 — Das Paradies, Ort unbekannt, Zeit unbekannt.

stimmen hören (Versuch über das Anschlagen)

Unfreiwillig mitgestimmt haben:
Aristoteles, *Metaphysik*, übers. v. Hermann Bonitz, bearbeitet v. Horst Seidl, Hamburg 1995. — Teju Cole, *Open City*, London 2011. — Erna,

Briefe ins Ungewisse, ohne Ort, 1939–1945. — Erna, *An Strählchen*, Berlin ca. 1923. — Hélène Grimaud, *Wolfssonate*, übers. v. Michael von Killisch-Horn, München 2006. — Heinrich Kramer, *Der Hexenhammer. Malleus Maleficarum*, kommentierte Neuübersetzung, übers. v. W. Behringer, G. Jerouschek und W. Tschacher, München 2003. — Arnulf Krause (Hrsg. u. Übers.), *Die Götter- und Heldenlieder der Älteren Edda*, Stuttgart 2004. — Heinrich Neuhaus, *Die Kunst des Klavierspiels*, Leipzig 1993. — Clarice Lispector, *Nahe dem wilden Herzen*, übers. v. Ray-Güde Mertin, Frankfurt a.M. 1981. — Sergej Prokofjew, *Peter und der Wolf*. Mit Loriot, Daniel Barenboim & dem English Chamber Orchestra, Deutsche Grammophon 1985. — Daniel Paul Schreber, *Denkwürdigkeiten eines Nervenkranken*, Wiesbaden 1973. — Charles Simic, »My Beloved«, in: *Selected Early Poems*, New York 1999. — Esmé Weijun Wang, *The Collected Schizophrenias*, Minneapolis 2019.

Außerdem treten auf:
Der Wolf — Die Ente — Die Hexe — Einige weibliche Figuren aus der griechischen und germanischen Mythologie — Ein Sozialkundelehrer, bayerische Klosterschule 1999 — Ein Hegel-Jünger, Heidelberg 2009.

Brief an G.W.F. Hegel, Betreff:
Ablehnung Ihres Heiratsantrages

Ich habe mich aus dem Fenster gelehnt mit:
Roland Barthes, *Die helle Kammer. Bemerkungen zur Photographie*, übers. v. Dietrich Leube, Frankfurt a.M. 1985. — Roland Barthes, *Die Lust am Text*, übers. v. Traugott König, Frankfurt a.M. 1974. — Jorge Luis Borges, *Die Unsterblichkeit: Essays*, übers. v. Karl August Horst, Berlin 1987. — Jacques Derrida, »Sporen. Die Stile Nietzsches«, in: Hamacher, Werner (Hrsg.): *Nietzsche aus Frankreich*, übers. v. Richard Schwaderer, überarb. von Werner Hamacher. Frankfurt a. M./Berlin S. 129–168. — M.F.K. Fisher, *How To Cook A Wolf*, New York City 1954. — Geneviève

Fraisse, *Geschlechterdifferenz*, übers. v. Monika Noll, Tübingen 1996. — Marlen Haushofer, *Die Mansarde*, Berlin 2005. — G.W.F. Hegel, *Enzyklopädie der philosophischen Wissenschaften im Grundrisse, Zweiter Teil. Die Naturphilosophie. Mit den mündlichen Zusätzen*, Frankfurt a.M. 1986. — G.W.F. Hegel, *Enzyklopädie der philosophischen Wissenschaften im Grundrisse, Dritter Teil, Die Philosophie des Geistes. Mit den mündlichen Zusätzen*. Werke Bd. 10, Frankfurt a.M. 1986. — G.W.F. Hegel, *Grundlinien der Philosophie des Rechts oder Naturrecht und Staatswissenschaft im Grundrisse. Mit Hegels eigenhändigen Notizen und den mündlichen Zusätzen*, Werke Bd. 7, Frankfurt a.M. 1989. — G.W.F. Hegel, *Vorlesungen über die Geschichte der Philosophie I*, Werke Bd. 18, Frankfurt a.M. 1986. — G.W.F. Hegel, *Phänomenologie des Geistes*, Werke 3, Frankfurt a.M. 1989. — Martin Heidegger, *Mein liebes Seelchen! Briefe Martin Heideggers an seine Frau Elfride 1915–1970*, München 2007. — Hesiod, *Werke und Tage*, übers. v. Otto Schönberger, Stuttgart 1996. — Nancy Hünger, *4 Uhr kommt der Hund, Ein unglückliches Sprechen*, Dresden 2020. — Luce Irigaray, *Das Geschlecht das nicht eins ist,* Berlin 1979, S. 157 (u.a. »Fragen«, übers. v. Marese Deschamps u. Sigrid Vagt). — Søren Kierkegaard, *Entweder – Oder*, übers. v. Heinrich Fauteck, München 2014. — Martin Luther, *Weihnachtspostille 1522*, Schriften 10. I. 1. Band, Weimarer Ausgabe. — Luise Meier, *MRX Maschine*, Berlin 2018. — R.M. Rilke, Lou Andreas-Salomé, *Briefwechsel*, Hrsg. von Ernst Pfeiffer, Frankfurt a.M. und Leipzig 1989. — Jean-Jacques Rousseau, *Lettre à d'Alembert*, Paris 1967.

Außerdem tritt auf:
Eine Ulme vor einem Fenster vor einem Schreibtisch, Berlin 2018.

Inseln

Ich bin gestrandet mit:
H.C. Artmann, *Frankenstein in Sussex. Fleiß und Industrie*, Frankfurt a.M. 1969. — Roland Barthes, *Das Reich der Zeichen*, übers. v. Michael

Bischoff, Frankfurt a.M. 1981. — Simone de Beauvoir, *Das andere Geschlecht. Sitte und Sexus der Frau*, übers. v. Eva Reichel-Mertens u. Fritz Montfort, Reinbek bei Hamburg, 1968. — Karl Florenz, *Die historischen Quellen der Shintō-Religion*, aus dem Altjapanischen und Chinesischen übersetzt und erklärt, Hamburg 2014. — Marlen Haushofer, *Die Mansarde*, Berlin 2005. — G.W.F. Hegel, *Enzyklopädie der philosophischen Wissenschaften im Grundrisse, Dritter Teil*, Werke 10, Frankfurt a.M. 1989. — Hegels Murmeln: *Vorlesungen über die Philosophie der Geschichte*, Werke 12, Frankfurt a.M. 1989; *Vorlesungen über die Ästhetik I, II und III*, Werke 13–15, Frankfurt a.M. 1989; *Vorlesungen über die Philosophie der Religion II*, Werke 17, Frankfurt a.M. 1989. — Martin Heidegger, *Mein liebes Seelchen! Briefe Martin Heideggers an seine Frau Elfride 1915–1970*, München 2007. — Immanuel Kant, *Kritik der reinen Vernunft*, Frankfurt a.M. 2000, Teil 1, Werke III. — Søren Kierkegaard, *Entweder – Oder*, übers. v. Heinrich Fauteck, München 2014. — Montaigne, »Alles ist eitel«, in: Ders., *Essais*, übers. v. Arthur Franz, Köln 2005. — Rei Naito, *Matrix*, Teshima 2010. — Nelly Naumann, *Die Mythen des alten Japan*, München 1996. — Anonym, *Kojiki – Aufzeichnung alter Begebenheiten*, übers. u. hrsg. v. Klaus Antoni, Berlin 2012. — Anonym, *Nihongi, Zeitalter der Götter*, übers. u. hrsg. v. Karl Florenz, Tokyo 1901. — Pindar, zitiert nach Clarice Lispector, *Von Traum zu Traum*, übers. v. Sarita Brandt, Hamburg 1992. — Albertine Sarrazin, *Der Ausbruch*, übers. v. Claudia Steinitz, Zürich 2018. — W.G. Sebald, *Die Ausgewanderten. Vier lange Erzählungen*, Frankfurt a.M. 1992. — Sakiko Kitagawa, *Feminism as a method and the fragmenation of Asian women*, Tokyo 2010 (https:// utcp.c.u-tokyo.ac.jp/members/pdf/kitagawa_east_asian_feminism. pdf, zuletzt abgerufen am 31.1.2022). — Sakiko Kitagawa, *Living as a Woman and Thinking as a Mother in Japan. A Feminine Line of Japanese Moral Philosophy*, Tokyo 2009 (https://nirc.nanzan-u.ac.jp/nfile/2126, zuletzt abgerufen am 31.1.2022). — Yui Tanizaki, *Gespräche im Café Kamogawa, im Café Independants und im Goethe-Institut*, Kyoto, 2019. — Yui Tanizaki und Lilian Peter, *Briefwechsel im Internet*, Kyoto-Berlin-Marseille 2020–2021 (https://www.goethe.de/ins/jp/de/sta/kyo/olk/

prd/bpt.html). — Yoko Tawada, *Wo Europa anfängt & Ein Gast*, Tübingen 2014. — Eliot Weinberger, »Matteo Ricci«, in: *Kaskaden. Essays*, übers. v. Peter Torberg, Frankfurt a.M. 2003. — Noriko K. Williams, *Key To Kanji: A Visual History of 1100 Characters*, Boston, 2010.

Außerdem tritt auf:
Ein Kintsugi-Meister, Kyoto 2019.

über fliegen (Mutter geht aus)

Ich war unterwegs mit:
Anne Carson, *Plainwater: Essays and Poetry*, New York City 2000. (Dt. Ausgabe: *Anthropologie des Wassers*, übers. v. Marie Luise Knott, Berlin 2014.) — Anne Carson, *The Glass Essay*, in: *Glass, Irony and God*, Cambridge, Massachussets, 1995. — Anne Carson, *The Gender of Sound*, in: Ebd. (zitiert nach der Übersetzung v. Alissa Walser u. Gerhard Falkner: »Das Geschlecht des Klangs«, in: Dies.: *Glas, Ironie und Gott*, München 2000.) — Euripides, *Fragmente, Der Kyklop, Rhesos*, übers. v. G. A. Seeck, J. J. C. Donner, W. Binder, München 1981. — Sigmund Freud, *Brautbriefe*, Frankfurt a.M. und Hamburg 1968. — Kaori Fujino, *Gespräch im Café Trentanove*, Kyoto, 2019. — Martin Heidegger, *Mein liebes Seelchen! Briefe Martin Heideggers an seine Frau Elfride 1915–1970*, München 2007. — Hesiod, *Theogonie*, übers. v. Otto Schönberger, Stuttgart 1999. — Erica Jong, *Fear of Flying*, Frogmore, St Albans, 1976. — Franz Kafka, »Vor dem Gesetz«, in: *Die Erzählungen*, Frankfurt a.M. 1998. — Enis Maci, *Eiscafé Europa*, Berlin 2018. — Thomas Mann, *Zauberberg*, Frankfurt a.M. 1954. — Thomas Mann, *Tonio Kröger*, in: *Tonio Kröger, Mario und der Zauberer*, Zwei Erzählungen, Frankfurt a.M. 1988 — R.M. Rilke, *Sonette an Orpheus*, Leipzig 1923. — Albertine Sarrazin, *Der Ausbruch*, übers. v. Claudia Steinitz, Zürich 2018. — Michael Schneider, Joachim Süss (Hrsg.), *Nebelkinder. Kriegsenkel treten aus dem Traumaschatten der*

Geschichte, Berlin 2015. — Mayumi Taniguchi, *Gespräch im Abeno-Harukas Kintetsu Tower-Kan*, 2. Stock, Osaka 2019. — Justin V. W., *Slip Poetry*, Berlin-New York, AB7454, 38F, 2014. — Justin V. W., *Letters*, New York City, 2014.

Außerdem treten auf:
Der Erzähler AKA der Vater, überzeitlich, überräumlich — Der Denker und Dichter, Europa ca. 5.000 v. Chr. – ca. 2017 n. Chr. — Ein Professor der Philosophie, Heidelberg 2009 — Eine Deutschlehrerin, bayerische Klosterschule 2001 — Kraniche, Hiroshima 2019 und Linumer Teichland 2020 — Die Sphinx. Gehe in dich, du weißt, wo und wann sie wohnt.

Bonbons gehen darüber hinaus textübergreifend an: Moritz, Veronika, Christiane, Junko, Satomi, Justin, Nika, Ulrike, Achim, Amelie, Rachel.

Inhalt